CHRISTIAN
POLANŠEK

RADETZKY

DER RADETZKYSCHARS

ROMAN

edition MOTOR 2016
Metahofgasse 17P
8020 Graz
Oesterreich
www.kulturinstitut-graz.com
kulturinstitut@gmx.at
überarbeitete Auflage 2016
+43 676 64 051 64

Es geht um Europa! Wie sieht dieses Europa aus? Woran erkennt man den Europäer oder die Europäerin? Europa besteht aus sehr vielen verschiedenen Staaten und Völkern. Heute sagt man zu den Völkern, Ethnien. Kann man den Europäer überhaupt allgemein abstrahiert beschreiben? Ist es überhaupt möglich, den Bewohner oder die Bewohnerin dieses Kontinentes so zu beschreiben, dass diese Definition für jeden Bewohner dieses, von Asien zum Atlantik sich hin ziehenden Erdteiles zutrifft? Was verbindet alle Europäer miteinander, außer der gemeinsamen Außengrenze?

Entfernen wir uns von Europa und betrachten wir den Europäer aus der Sicht der Japaner. Da der Verfasser dieser Zeilen noch nie in Japan war, kann er nur mit den Augen eines virtuellen Japaners nach Europa schauen. Betrachten wir Europa, wie es sich ein Japaner vorstellt, welcher vom Verfasser dieser Zeilen erdacht ist. Wie sieht ein virtueller Japaner Europa? Der Autor fragt in sich hinein. Er fragt den gerade von ihm erfundenen virtuellen Testjapaner, was den typischen Europäer so ausmacht. Bei dem hier beschriebenen Sachverhalt handelt es sich um eine Simulation. Der Erzähler ist somit auch ein Simulant. So, wie die Automobilentwickler mit Rechnern arbeiten, welche auf simulierten Rennstrecken den Schaltvorgang simulieren, um eine virtuelle Kupplung zu testen, so haben wir hier einen virtuellen Japaner vor uns. Der Autor stellt sein Gehirn zur Verfügung, um einem Japaner, welchen es in dieser

Form eigentlich nicht gibt, zu ermöglichen, den Lesern das Wesentliche des Europäers zu erklären. Unser virtueller Japaner ist natürlich vom Input abhängig, welchen er vom europäischen Gehirn zur Verfügung gestellt bekommt. Es gibt nun einen virtuellen Japaner in einem europäischen Gehirn, welcher versuchen wird, den typischen Europäer zu beschreiben. Der virtuelle Japaner wird nun im europäischen Gehirn zum Leben erweckt. Selbstverständlich spricht der virtuelle Japaner unsere Sprache, sonst gäbe es zu viele Übersetzungsfehler. Das europäische Gehirn fragt nun den Japaner: „Welche Eigenschaften hat der typische Europäer für dich?“„Der typische Europäer ist größer und schwerer als der Japaner und isst viel mehr Fleisch. Der typische Europäer hat runde Augenöffnungen und eine gröbere Haut als der Japaner. Der typische Europäer isst weniger Fisch als der Japaner.“

Wie Sie erkennen können, beschreibt der virtuelle Japaner den Europäer immer vergleichend zum virtuellen Japaner. Der virtuelle Japaner ist somit nicht in der Lage, den Europäer an sich als solchen zu beschreiben. Der virtuelle Japaner kann immer nur vergleichen.

Entwickeln wir einen virtuellen Nordamerikaner in unserer Birne und schauen wir, was passiert. Wir stellen dem virtuellen Nordamerikaner die gleiche Frage: „Was macht für Sie den typischen Europäer aus?“ Der virtuelle Nordamerikaner antwortet: „Die haben nicht alle eine Atombombe, und die haben keine großen Autos. Die haben noch nie jemanden zum Mond geflogen, und sie sind keine Amerikaner. Die meisten sprechen nicht unsere Sprache. Aus den meisten Europäern ist erst in den USA etwas geworden."

Probieren wir es mit dem virtuellen Russen, wie beschreibt er den typischen Bewohner Europas? „Europa, das sind wir und die andere Hälfte. Europa ist unserem Russland teilweise vorgelagert, teilweise ist es Russland. Der Europäer bewohnt verschiedene Republiken mit verschiedenen Sprachen. Die Europäer sind blond und in letzter Zeit schwarz- und rothaarig. Die Europäer wären immer gerne so groß wie Russland, haben aber viel zu wenig Land dafür. Deshalb haben sie sich in letzter Zeit mit der Weltraumfahrt beschäftigt, haben aber bisher nicht mehr erreicht als hinauf und hinunterzufliegen. Wir Russen hingegen haben schon viele Raketen in den Weltraum hinaus weggeschmissen."

Danke an unseren virtuellen Russen. Wie sieht der virtuelle Afrikaner unseren Durchschnittseuropäer? „Der weiße Mann in Europa ist sehr blass, aber es gibt auch schon den Mann mit dunkler Haut in Europa, welcher auch eine Frau mit dunkler Haut hat. Diese beiden machen Kinder, welche auch eine dunkle Haut haben. Wenn der Europäer eine Frau heiratet, welche eine helle Haut hat, dann haben die Kinder meistens auch eine hellere

Haut. Der Europäer, wenn er hellhäutig ist, zieht sich erst viel später einen Pullover an, als der dunkelhäutige Europäer. Der Europäer wohnt in eckigen Lehmhütten aus gebranntem Lehm. Er backt den Lehm in großen Öfen, und aus den gebackenen Lehmwürfeln baut er sich seine Häuser. Da die Europäer sehr viel Zeit haben beim Bauen, bauen sie sehr hohe Lehmhäuser."

Von der Südamerikaabteilung des Testhirns erfährt man Folgendes: „Die verspeisen unser Rindfleisch und verbrauchen unser Tropenholz. Nur in Spanien spricht man dort Spanisch und nur in Portugal Portugiesisch. Die Autos, welche sie bauen, sind cool."

Mehr ist leider von der Abteilung für Südamerika nicht zu erfahren. Wie sie sehen und verstehen können, ist es schwer möglich, anhand der Beschreibung mit virtuellen Modellen, ein greifbares Bild von diesem Europa zu erstellen. Die einzige Möglichkeit, ein greifbares Sittenbild und eine intuitiv nachvollziehbare Beschreibung zu schaffen, ist das Detail. Literarisch und mit Hilfe von virtuellen Persönlichkeiten ist es nicht zu bewerkstelligen, Europa zu verstehen. Dieses Europa besteht aus Milliarden von unterschiedlichen Geschichten und Hunderten Millionen von Menschen. Man kann nur versuchen, eine Geschichte zu erzählen und bemüht sein, das Puzzle Europa zu vervollständigen. Eine Beschreibung eines Augenblicks der europäischen Gegenwartsgeschichte ist nicht sehr leicht möglich. Verwenden wir das Gehirn des Betrachters wie ein Mikroskop, um wenigstens einen Teil dieses Europas zu verstehen. Begrenzen wir den Ort in Europa, welcher zu beschreiben ist. Begrenzen wir die Anzahl der agierenden Persönlichkeiten. Erlauben wir dem Betrachter, von diesem Mikrokosmos auf die ganze Welt zu schließen. Aufgrund der internationalen Vernetzungen und der internationalen Informationsflut ist man auch als Europäer ständig und täglich mit der ganzen Welt in Kontakt. Also genügt ein kleiner Ausschnitt, ein kurzes Zeitfenster, um eigentlich auf die gesamte Weltmenschheit Rückschlüsse ziehen zu können, indem man einfach nur ein Detail, eine Winzigkeit, beschreibt. Jede Winzigkeit wird heute von der Gesamtheit beeinflusst, und wenn diese Winzigkeit intensiv genug wahrgenommen wird, beeinflusst sie auch die restliche Welt. Wozu dann die ganze Welt beschreiben, wenn eine Kleinigkeit auf die ganze Welt rückschließen lässt. Mitten in Europa liegt Graz. Mitten durch Graz fährt die Straßenbahn. Alle paar Jahre kauft die Stadtregierung zu den alten Straßenbahngarnituren neue Triebwagen zu. Eine Stadt wie Graz braucht das, um sich und den Bürgern Aktualität und die Nähe zum Zeitgeist zu vermitteln. Graz hat keinen Weltraumbahnhof, darum tobt man sich an den Straßenbahnen aus. Man muss immer das modernste Modell anschaffen. Anscheinend will diese Stadt Weltstraßenbahnhauptstadt werden. In Graz gibt es zwar die „ME-

TRO“, dabei handelt es sich aber leider nur um einen Gastronomiegroßzulieferer und nicht um eine Untergrundbahn. Darum ist die Straßenbahn so wichtig. Wie große chirurgische Seziermesser schneiden sich die Tramway–Garnituren in und durch die Stadt. Die Straßenbahn holt die Graz-Besucher vom Bahnhof ab. Mit der Straßenbahn erreicht man wichtige Einkaufszentren, die Krankenhäuser, den Zentralfriedhof, auch das größte Kino der Stadt und das Fußballstadion. Zu jenen wichtigen Punkten, welche man nicht mit der Straßenbahn erreicht, fährt man mit Bussen.

Es ist sechs Uhr in der Früh. Der Hauptdarsteller unseres Buches, Albert Wirsch, steht immer um sechs Uhr früh auf. Albert Wirsch wohnt in der inneren Stadt von Graz. Er wohnt hier schon seit drei Jahren. Albert Wirsch ist gelernter Schauspieler. Er hat studiert. Er hat an der Kunstuniversität Graz Schauspiel studiert. Er hat erfolgreich studiert und mit dem Magister Artium abgeschlossen. Kurz war er am Grazer Schauspielhaus engagiert. Dort war es ihm zu eng. Er empfand dieses Haus immer als Karrierensackgasse. Albert Wirsch wollte raus in die große weite Welt, und so zog es ihn nach Deutschland zum Film. Für viele Jahre spielte er in Krimiserien mit. Er war dort schon ein wenig bekannt. Er verdiente nicht schlecht. Aber nach zehn Jahren ging ihm dieses Geschäft auf die Nerven. Immer nur das ausführen, was sich andere ausgedacht hatten, immer nur funktionieren. Er hatte das satt. Er wollte mehr. Er wollte einmal einen Film produzieren, so wie er es sich vorstellte. Er wollte einmal selbst die Fäden ziehen, und nicht immer die Marionette irgendwelcher halbbegabter Regisseure sein.

Als Österreicher tat er sich schwer, in Deutschland einen Film zu produzieren. Und dieses ständige: "Österreicher nicht immer so", ging ihm schon so auf die Nerven, dass er beschloss, Deutschland zu verlassen und zurück in seine Geburtsstadt zu ziehen. Zurück nach Graz. Albert Wirsch dachte, hier würde er mit offenen Armen aufgenommen werden. Hier in Graz. Dem war nicht so. Die Stadt war pleite und nahm dies als Vorwand um die Finanzierung aller Kunstprojekte abzusagen. So stand nun Albert Wirsch da und hatte bald sein Erspartes verbraucht. Für die Finanzierung eines Filmprojektes braucht man aber Geld, sehr viel Geld. Das Drehbuch war bereits geschrieben. Sein Freund Harald Wurscht hatte es verfasst. Inhalt: Ein verzweifelter Schauspieler will einen Film produzieren. Ihm fehlen die Mittel dazu. Sponsoren waren keine zu finden, und die öffentliche Hand ist nicht potent genug, um zu unterstützen. So beschließt der Schauspieler eine voll besetzte Straßenbahn zu entführen, um damit das für den Film notwendige Geld zu erpressen. So die Inhaltsangabe des Drehbuches. Harald Wurscht, der erfolgreiche Drehbuchautor und Regisseur, hatte das Skript Albert Wirsch vererbt. Harald Wurscht war sehr erfolgreich, ausübender Alkoholiker und leidenschaftlicher Kokser. Er schnupfte meistens mehr als in seine Nase Platz hatte. Er wusste, dass er von dieser Stadt, diesem Land, diesem Kontinent, dieser Welt nicht mehr viel zu erwarten hatte. Er hatte im Filmgeschäft alles erreicht, was zu erreichen war. Schnell hatte er gelebt. Verdammt schnell. Er war die Nummer eins der Branche, und das schon mit 32 Jahren. Harald Wurscht hatte immer mehr gegeben, als er bekommen hatte. Trotzdem war er der Beste. Er war ein Besessener. Er musste seine Vision verwirklichen. Die Bilder in seinem Kopf wollte er auf der Leinwand sehen. Er rechnete nicht. Er kalkulierte nicht. Er setzte einfach um. Das war sein Rezept. Seine Rechnung ging auf, doch er wusste, dass es keine Steigerung mehr gab. Der Oscar reizte ihn nicht. Vom Saufen und Koksen kam er nicht mehr weg. Ein alter Jugendfreund überredete ihn, einen LSD–Trip zu schmeißen. Harald Wurscht hatte keine Erfahrung mit LSD. Er vertraute seinem Freund Rudi Schnaps, dem schrägsten Dealer der Stadt. Bei Rudi Schnaps konntest du alles erwerben, vom größten Scheißdreck bis zum saubersten Stoff. War nur eine Frage der Finanzen. Ab und zu, zum Abstressen, zog er sich selbst was rein. Da war er nicht kleinlich und lud immer jemanden zu einer kleinen Verkostung ein. Diesmal war es Harald Wurscht. "Harry“, sagte Rudi, "Du wirst nicht enttäuscht sein, das bringt dir die Bilder, die du in keinem deiner Filme je gesehen hast. Beide saßen im Ferrari von Harald Wurscht, als sie den LSD-Trip schmissen. Es war ein geiler Film, welchen Harald sah. Rudi hat-te Recht. Die Extremitäten lösten sich von Harrys Körper und schwebten vor ihm in Richtung Horizont. Auch sein Kopf löste sich vom Körper ab und schwebte über dem Ferrari und beobachtete die Szene von oben. Seine rechte Hand startete den Wagen von außerhalb. Sein rechter Fuß gab Vollgas, obwohl sich dieser vermeintlich bereits am Horizont befand. Harald meinte in einem Raumschiff zu sein, alles flog vorbei, der Wagen hob ab und schien wirklich zu fliegen. Die Straßenlaternen verbogen sich hinunter zum Wagen. Die anderen Fahrzeuge schienen unter und über dem Ferrari zu fahren. Der Wagen schien sich zusammenzuziehen und auszudehnen. Rudis Kopf war auf einmal so groß, dass er den ganzen Wagen ausfüllte. Seine Arme und Beine wurden immer kürzer, und Rudi ähnelte auf einmal einem Kopffüßer. Die Mittellinie der Straße löste sich vom Asphalt und verlief nun zwischen Rudi und Harald mitten durch das Fahrzeug. Der rote Ferrari schien nun auf einmal so breit zu sein, wie die gesamte dreispurige Autobahn. Harald sah vor sich eine große Tunneleinfahrt. Der rote Ferrari war nun so breit, wie die gesamte Autobahn und die Tunneleinfahrt zusammen. Harald realisierte, dass sich hier etwas nicht mehr ausgehen werde. Seine vom Körper gelösten Arme und Beine befanden sich bereits im Tunnel. Der Kopf befand sich bereits auf der anderen Seite der Röhre und blickte in die aufgeblendeten Scheinwerfer seines eigenen Fahrzeuges. So erlebte Harald im Drogenrausch seine letzten Sekunden. Dann krachte es, und der schrägste Film den Harald je erlebte, war zu Ende. Auch in Rudis Welt war das Licht ausgegangen. Im Polizeibericht wurde vermerkt: Der Ferrari FXX mit der Nummerntafel G-Film 1 hatte eine Sonderzulassung für den Straßenverkehr und war mit 340 km/h gegen das Tunnelportal geprallt. Der Fahrer, der weltbekannte Drehbuchautor und Filmregisseur Harald Wurscht, und sein Beifahrer, ein amtsbekannter Dealer, waren auf der Stelle tot. Der 1,5 Mio. Euro teure Ferrari wurde bis zur Unkenntlichkeit zerstört. Beide Personen waren stark alkoholisiert und standen unter Drogeneinfluss. So der Polizeibericht. Es gab ein Testament, dort war der Vater von Harald Wurscht als Alleinerbe angeführt. Doch Harald Wurschts Vater lag mit Leberzirrhose auf der Intensivstation des Landeskrankenhauses Graz und wartete auf ein Spenderorgan. Das Drehbuch vererbte Harald Wurscht Albert Wirsch mit allen Rechten. In Harald Wurschts Testament stand der Wunsch, verbrannt zu werden. Harald Wurscht forderte, dass niemand außer dem Personal der Bestattung seiner Verabschiedung beiwohnen darf. Und so geschah es auch mit den Überresten seiner leiblichen Existenz.

„Scheiß Drehbuch“, dachte sich Albert Wirsch als er vom Notar das Originalskript ausgehändigt bekam. „Keine Kohle, keine Perspektive, wie soll ich dieses Material jemals zu einem Film machen.“ Albert Wirsch ging mit dem Drehbuch in seine Wohnung. Ihn kotzte alles an. Der Tod seines Freundes, das Drehbuch, für das es keinen Finanzier gab und der Film, für welchen es zurzeit kein Geld gab. „Scheiß Politiker“, schrie er und warf gleichzeitig das Drehbuch in die Ecke des Wohnzimmers. „Diese Arschlöcher haben alles derart hinuntergewirtschaftet, dass es überhaupt keine Möglichkeiten mehr für uns Kunstschaffende gibt. Denen werde ich es zeigen!“, brüllte er. „Die werden mich noch kennenlernen. Diesen Film werde ich produzieren. Auf meine Art werde ich dein Drehbuch umsetzen, lieber Harald Wurscht, die werden sich anschauen. Die ganze Welt wird nach Graz schauen müssen, so werde ich das machen.“

Am Tisch stand eine schwere Vase aus Muranoglas. Albert fasste die bunte ca. 30 cm große Glasvase und drosch sie gegen den Barockspiegel an der Wohnzimmerwand. Das Bersten des Glases und der dumpfe Schlag der Vase gegen die Wand hatten für Albert etwas Befreiendes. Die Vase war aber nicht beschädigt worden. Das Glas war derart dick, sodass keinerlei Schaden an ihr entstanden war. Verwundert schritt Albert zum leeren Barockspiegelrahmen und hob die davor in den Spiegelscherben liegende Vase auf. Mit der rechten Hand hielt er die Vase und mit der linken strich er prüfend über die Oberfläche der Vase, ob er irgendeinen Kratzer finden oder spüren könnte. Die Vase war heil, ganz ohne Beschädigung. Mit respektvoller Verwunderung stellte er dieses Wunderding wieder zurück auf seinen Platz im Wohnzimmer. Die Vase stand nun wieder auf dem Biedermeiertisch in der Mitte des Wohnzimmers. „Manche Dinge sind doch für die Ewigkeit bestimmt.“, dachte Albert. Diese Vase war von nun an sein Talisman, sein Symbol für Unbesiegbarkeit.

„Ich will auch unbesiegbar sein.“, dachte sich Albert. „Ich bin unbesiegbar!“, schrie er. „Ich bin unbesiegbar.“ Dann schlief er ein.

Am nächsten morgen wachte er sehr früh auf. Albert Wirsch war bereits 38 Jahre alt. Er hatte eine Freundin, aber keine Kinder. Die Beziehung war nicht ernsthaft. Albert ging ins Badezimmer und putzte sich seine Zähne mit Weleda Meersalzzahnpasta und einer weichen Zahnbürste. Seine neue Zahnärztin hatte ihm die Verwendung von Zahnseide eingeredet, also verwendete er auch Zahnseide. Seine Zähne waren ihm wichtig, denn er wusste seit dem Verlust seiner Milchzähne, dass hier nichts mehr nachwächst. Wenn ein zweiter Zahn verlorengeht, wächst da nichts mehr nach.

„Die Ärzte und Wissenschaftler reden alle nur groß.“, dachte er sich. „Da entschlüsseln sie den genetischen Code, aber bei den Zähnen können sie gar nichts beeinflussen. Wäre doch praktisch, würden einem auch dritte Zähne nachwachsen.

Oder wie wäre es mit einem Revolvergebiss, wie es die Haie haben", entgegnete er seinem Spiegelbild im Badezimmerspiegel. Nach dem Zähneputzen stellte er sich unter die Dusche, erst danach rasierte er sich nass. Albert rasierte sich erst seit kurzem nass. Sie war keine ideologische Entscheidung, die Entscheidung zur Nassrasur. Letzte Woche war ihm der elektrische Rasierapparat kaputtgegangen und er wollte kein Geld für ein neues Gerät ausgeben. Zurück aus dem Badezimmer schaltete Albert den Radio ein. Sie spielten das Lied „Heroes" von David Bowie. „Meinen die mich mit Hero? Bin ich der Hero just for one day? Woher wissen die vom Sender, dass ich etwas Ungewöhnliches vorhabe?" Nach dem Song schaltete Albert den Radio wieder aus. „I am a heroe" sagte er vor sich hin. „Harald, I am a heroe, but not only for one day. Harald, auch wenn du jetzt tot bist, durch mich wirst du weiterleben. Ach ja, ich muss etwas frühstücken, sonst bin ich wieder so fahrig. Albert schüttete Stainzer Milch in das 1,99 Euro/Kilo Müsli. Albert war gewillt, Harald Wurschts Drehbuch als Film umzusetzen. Frühstücken. „Frühstücken!", sagte er zu sich. Albert konzentrierte sich auf sein Müsli. Haferflocken, Mandeln und Kokossplit konnte er erkennen, die anderen Ingredienzien waren für ihn nicht definierbar. „Ist mir auch wurscht, Hauptsache das Zeug schmeckt nach was." Während Albert das Müsli in sich hineinkaute, blätterte er bereits im von Harald Wurscht geerbten Drehbuch. Endlich hatte er den Topf mit dem Müsli leer gegessen. Albert legte sich wieder ins Bett, und im Liegen begann er das Drehbuch zu lesen. Eine Straßenbahn wurde von einem Wahnsinnigen entführt. Geld wollte der Entführer für sich erpressen. Viel Geld. Albert brauchte dreieinhalb Stunden, und dann hatte er das ganze Drehbuch in sich aufgesogen. „Harald, das ist für mich ein Klacks“, sagte er zu sich. „Ich setzte das Skript um! Harald, du wirst schon sehen, und du wirst zufrieden sein.“, sprach er zu seinem verstorbenen Freund. „Ich mach dies auf meine Weise. Ich habe schon sehr viel ohne Geld zusammengebracht. Mehr als so manch anderer mit einem Monsterbudget. Ich werde denen den Arsch aufreißen. Ich werde das so gut machen, dass sie gar nicht merken, wer hier die eigentliche Hauptrolle spielt.“ Danach schlief Albert wieder für eine Stunde ein. Er wachte um zwölf Uhr Mittag auf. Albert liebte Faschiertes, vor allem den Stefanienbraten. Ein Faschierter Braten mit Frankfurter Würstchen und Essiggurken gespickt. Gefüllte Paprika liebte er auch. Albert ließ sich von mehreren Gaststätten die Menüpläne per e-mail senden. Gab es gefüllte Paprika oder Faschierten Braten, so nahm er sein Menü in der entsprechenden Gaststätte ein. Ansonsten ernährte er sich zu Hause zu Mittag hauptsächlich von Spaghetti. Einmal mit Knoblauch, ein andermal mit Speck, ein andermal mit Tomatensoße.

Heute belohnte er sich mit gefüllten Paprika in einem renommierten Grazer Kaffeehaus. Albert war als sehr höflicher charmanter Mensch bekannt, und als Gast auch überall sehr beliebt. Man wusste, dass er Schauspieler war oder noch ist. Albert gab auch immer ein gutes Trinkgeld. Albert lebte eigentlich gerne in der Stadt. Die Politik hasste er. Als Künstler hatte er die Ehre mit einigen der Herren und Frauen Politiker zu Abend zu essen. Es ging immer nur um Eitelkeiten, keinem der Politiker ging es um Albert persönlich. Albert hatte doch einige Auszeichnungen im Ausland für seine schauspielerische Tätigkeit erhalten. Darum aß man gerne mit ihm zu Abend. Nicht weil er Albert war, sondern weil er der berühmte Schauspieler Albert Wirsch war, und das ging ihm ziemlich auf den Nerv. Seit eine ehemalige Kleinpartei, welche immer auf Moral machte und immer den Zeigefinger oben hatte, nun einiges zu sagen hatte, war Albert beim Einschalten des Fernsehgerätes meist kotzübel zumute. Hatte er diese Gruppe doch unterstützt, weil er glaubte, es mit ehrlichen Menschen zu tun zu haben. Die waren aber viel schlimmer als alles bisher da Gewesene. Restriktiver, kulturfeindlich, Vorantreiber der Misswirtschaft, wie es bisher noch nie der Fall gewesen war. Albert war speiübel zumute und er wollte mit diesen Politikern und Politikerinnen nichts mehr zu tun haben. Alle Parteien waren für ihn gleich widerlich. Nein, einige waren noch widerlicher.

Das war auch der Grund, warum Albert kein Geld mehr hatte.

Albert hatte aufgehört mitzuspielen, und daher bekam er auch von keiner politischen Gruppe Geld, sofern überhaupt welches für Film und Kultur noch da gewesen wäre. Albert überlegte sich einen Weg der Umsetzung seiner Ideen, ohne Unterstützung durch die Politik und ohne Hilfestellung von parteipolitischer Seite. Albert hasste es, für jede Zuwendung gemeinsam mit Politikern in den Zeitungen abgelichtet zu sein. Albert hasste es, für Subventionen mit Politikern zu Abend zu essen. Keine Bühne für die Politiker, kein Geld von den Politikern. Albert fühlte sich aber ohne Politiker freier. Albert hatte nichts zu verlieren. Albert konnte nur mehr gewinnen. Albert war isoliert und unten angekommen. Wenn man ganz unten ist, dann geht es wieder aufwärts. Das wusste Albert.

Albert ist der Held für mehr als nur einen Tag. Aber wird Albert wirklich der Held dieser Geschichte sein? Wird er der Held sein, oder wird er den Helden spielen? „Ich werde dieses Drehbuch umsetzten und es wird mich keinen Cent kosten. Alle werden sie gratis für mich arbeiten, alle, und ich werde die besten Leute bekommen. Ich werde mit den besten Schauspielern zusammenarbeiten!“, sagte Albert zu sich und schlürfte die Leberknödelsuppe in sich hinein. „Ich werde mich wie ein Spitzensportler auf meine Aufgabe vorbereiten. Die ganze Welt wird zusehen, wie ich meine Arbeit vollende. Ich werde eine neue Ära des Filmschaffens begründen. Tausende werden meine Art zu arbeiten kopieren. Tausende werden Märtyrer des modernen Films sein wollen, und ich werde ihnen zeigen, wie man ohne großartige Unterstützung von außen arbeiten kann. Ich bin der Neue Film. Europa soll das Zentrum und der Ursprung des Neuen Films sein. Alle Welt wird nach Europa schauen.“ Albert wusste, dass das, was er vorhatte, kein Kinderspiel sein wird. Er musste sich wie ein Bergsteiger auf sein Unternehmen vorbereiten. So, als wollte er im Alleingang einen Achttausender erklimmen, so fühlte er sich jetzt. Das Unternehmen wird ein Grenzgang sein, und Albert würde der Grenzgänger sein. Das Drehbuch hatte er in sich hineingesogen. Albert hatte ein gutes Gedächtnis, er wusste, er will dieses Buch kein zweites Mal lesen, trotzdem hatte er es zur Sicherheit immer bei sich.

Es war Herbst geworden. Mehr als drei Monate lang hatte Albert alles vorbereitet. Albert trainierte seinen Körper, ernährte sich bewusst und wartete auf den Tag X.

Heute war der Tag X. Albert bestieg die Straßenbahn N5, entwertete die gerade gekaufte Monatskarte und suchte sich einen Sitzplatz. Zwei Kontrollore waren mit eingestiegen. „Die Fahrscheine bitte!“, hörte man alle 30 Sekunden. Albert zeigte lächelnd dem Kontrollor seine Monatskarte. Einen

Schwarzfahrer hatten sie dann doch erwischt. „Zum Glück sind für den Erwerb der Monatskarten keine Passbilder notwendig“, dachte sich Albert. „Bleibt mir einiges an Arbeit erspart“. Albert war zwar Albert, aber er sah nicht mehr wie Albert aus. Albert hatte sich als Kurt Remscheid verkleidet. Albert Wirsch hatte das Aussehen von Kurt Remscheid angenommen. Albert wusste, wie man sich perfekt in eine andere Person mithilfe moderner Schminkmittel verwandeln kann. Mehrere Tage hatte er an der Maske gearbeitet. Kurt Remscheid war seit drei Jahren abgängig. In einem Brief an Albert schrieb der Schauspielkollege Kurt Remscheid: „Ich kann nicht mehr, und ich will nicht mehr. Dieses Leben ist zu schnell für mich, ich kann die Geschwindigkeit der neuen Zeit nicht mehr halten. Ich erlebe die Welt so als wäre sie ein langer Eisenbahnzug. Ich nehme in dem einen Waggon Platz, und bevor ich meinen Hintern in den Sitz gedrückt habe, befinde ich mich drei Waggons weiter hinten in Richtung Zugende. Waren es meine Drogensünden, war es der zu viele Alkohol, welcher mir die Geschwindigkeit genommen hat? Ich weiß es nicht. Ich weiß nur, dass sich meine innere Welt um einiges zu langsam gegenüber meiner äußeren Welt bewegt, und diesen Zustand können weder ich noch die Ärzte beeinflussen, darum werde ich diese Welt verlassen, bevor ich von außen gezwungen werde. Adieu mein teurer Freund. Bitte tu mir noch einen letzten Gefallen! Es wäre ein großer

Wunsch von mir. Gib den Menschen das Gefühl, ich wäre niemals von dieser Welt gegangen. Lieber Albert, wenn du wieder einmal in einem Film mitspielst, verkleide dich. Lass die Menschen glauben, ich würde noch leben. Verkleide dich als mich und spiele. Auch im Nachspann soll mein Name aufscheinen. Lieber Albert! Ich warte auf deine Antwort, um dann von euch zu gehen. Meine Krankheit, welche niemand heilen und verstehen kann, lässt mir keine andere Wahl. Ich werde gehen, ohne Spuren zu hinterlassen." Albert schrieb zurück: „Lieber Kurt! Ich werde meine nächste Filmrolle als Kurt Remscheid bestreiten."

Von diesem Zeitpunkt an war Kurt Remscheid wie vom Erdboden verschluckt. Drei Jahre lang. Bis er in der Bim N5 wieder auftauchte. Albert Wirsch saß als Kurt Remscheid verkleidet in der Straßenbahn. Eine alte Dame stand von Ihrem Sitz auf und ging auf Albert zu: „Ich kenne Sie! Sie sind der berühmte Schauspieler Kurt Remscheid. Sie haben den Arzt in dem Film „Der Arzt und seine Geliebte" gespielt. Ich habe den Film dreimal gesehen. Würden Sie mir ein Autogramm geben?" Mit der einen Hand hielt sich die Dame an der Haltestange fest, mit der anderen hielt sie ihm den Kugelschreiber und einen Schreibblock hin. „Geben sie her!", sagte Albert und kopierte perfekt die Handschrift von Kurt Remscheid. Die Dame bedankte sich und nahm wieder auf ihrem Sitz Platz. Die Straßenbahn befand sich bereits in der Grazer Herrengasse. Kurt erhob sich von seinem

Sitzplatz und bewegte sich gezielt nach vorne zum Fahrer. Blitzartig riss er die Tür zum Führerhaus auf und drückte dem Fahrer den Lauf seiner Pistole an den Hals. „Lieber Freund“, sagte er. „Es tut mir sehr leid, ich brauche ein wenig Aufsehen um mein Ansinnen durchzusetzen. Fahr einfach gerade aus, sonst knall ich dich ab.“ Der Straßenbahnfahrer blieb ganz ruhig, als hätte er den Entführer bereits erwartet. „Lieber Herr Entführer, das ist eine Straßenbahn“, entgegnete der Fahrer „und ich kann so und so nur geradeaus fahren. Egal ob sie mich bedrohen oder nicht.“ „Ach so, und für was halte ich dann diese Knarre an deinen Hals?“, fragt Kurt. „Ist mir auch nicht klar, ich weiß eigentlich auch nicht, wie man eine Straßenbahn entführt.“, entgegnete der Fahrer. „Bei uns gibt es kaum Entführungen und eine Straßenbahn hat noch niemand entführt. Hätten sie vielleicht eine Bombe oder etwas Ähnliches bei sich, Herr Remscheid? Ich kenne Sie schon sehr lange und mir gefällt ihr Stil. Ist das jetzt versteckte Kamera oder so?“ „Nein, sie Arsch, das ist echt. Ich entführe diese Straßenbahn.“ „Gut, wenn das alles echt ist, wäre es besser, wenn sie eine Bombe bei sich hätten, dann hätten sie nämlich die Möglichkeit, die Hände frei zu bewegen, und bräuchten nicht ständig mir die Knarre an den Hals zu halten.“ „Sehr gute Idee, lieber Fahrer. Selbstverständlich habe ich eine Bombe mit mir. Aber ich dachte, eine Pistole macht mehr Eindruck und sieht auch besser aus. Das Publikum braucht etwas Handfestes zum Anschauen“, meinte Albert. „Haben sie kein Fernsehgerät zu Hause?“, fragte der Fahrer den als Kurt Remscheid verkleideten Albert Wirsch. „Im Fernsehen wird andauernd jemand entführt, aber es ist immer eine Bombe mit dabei. Und wenn sie eine Bombe mit dabei hätten, könnten sie endlich die blöde Knarre von meinem Hals nehmen.“ „Ach, halten sie die Klappe, sie haben Recht. Ich bedrohe sie nun mit der Bombe! Da schauen sie auf meinen Hosenbund.“ Albert öffnete seine Jacke und präsentierte ein Gewirr von Fäden und einen schwarzen Kasten, welchen er am Hosengurt befestigt hatte, dem Straßenbahnfahrer. Albert nahm die Pistole zurück und steckte sie in seine Westentasche. „Danke! Jetzt ist mir wohler“, meinte der Fahrer. „Sehen Sie dieses Mikrofon? Über dieses Mikrofon kann ich mit der Zentrale, mit der Polizei oder wem auch immer sprechen. Also, was wollen sie der Welt mitteilen, welche Forderungen haben sie? Entschuldigen sie bitte, Herr Remscheid, wir befinden uns nun am Jakominiplatz. Ich will kein Aufsehen erregen. Lassen wir die Leute ein- und aussteigen, und dann sagen sie mir in aller Ruhe, was sie möchten. Bitte, Herr Entführer, würden sie ein wenig nach hinten treten, sie blockieren den Einstieg. Danke! Wenn alle herinnen sind und die Türen geschlossen sind, können wir ordnungsgemäß mit der Entführung beginnen. Sehr geehrter Herr Remscheid, ist das nun eine ordentliche Bombe oder nur eine Attrappe?“ Kurt Remscheid, hinter dem Straßenbahnfahrer stehend: „Das ist eine ordentliche Bombe. Eine ganz besondere Bombe. Bei meinen Recherchen wegen eines Briefbombers bin ich auf einen Physikstudenten gestoßen, welcher sich mit der Neutronenverschiebung beschäftigt. Diesem Mann rang ich das Wissen ab, wie man so ein Sprenginstrument herstellt. Schauen sie, Herr Straßenbahner, hier an meinem Handgelenk trage ich ein Ortungssystem, es funktioniert gleich wie ein Routenplaner. Mit diesem Ortungssystem definiere ich jene Stelle, an welcher die Neutronenverschiebung stattfinden soll. Dieses Sprengsystem ist satellitengesteuert. Über dieses System definiere ich jene Stelle, welche in die Luft fliegen soll. Exakt ein Kubikzentimeter kompaktes Gestein ist notwendig, um die Sprengwirkung einer Wasserstoffbombe zu erreichen. Hier in diesem Navigationssystem markiere ich satellitengesteuert genau diesen Kubikzentimeter Gestein. Genau an der Stelle, in diesem Kubikzentimeter Materie, werden in allen Atomen die Neutronen, wegen der Bestrahlung durch den Satelliten, verschoben und es kommt zu einer gewaltigen Explosion. Es würde auch mit Luft oder Wasser funktionieren, aber die Sprengkraft bei der Verschiebung von Neutronen bei fester Materie ist um ein Hundertfaches größer als bei Gasen und Flüssigkeiten."

Die Türen der Straßenbahn schlossen sich, und die Straßenbahn setzte sich in Bewegung. „Schauen Sie, Herr Straßenbahnfahrer", erklärte der als

Kurt Remscheid verkleidete Albert Wirsch. „Ich habe das Zentrum des Grazer Schlossberges markiert, und wenn die Leute nicht das tun was ich will, dann jage ich den Grazer Schlossberg mitsamt der halben Steiermark in die Luft. Hier mit diesem Knopf", Albert Wirsch zeigt auf einen Knopf auf einem Kasten, welcher an seinem Hosengurt befestigt ist. „Mit einem Druck auf diesen Knopf fehlt der Steiermark mit einem Schlag die ganze Landeshauptstadt mit all ihren Bewohnern inklusive Bürgermeister, Landeshauptmann und allen anderen Politikern." „Das hat schon mehr Überzeugungskraft als diese lächerliche Knarre", gab sich der Straßenbahnfahrer erleichtert. „Scheiße, wo fahren sie hin?", schreckte der Entführer auf. „Ich wollte, dass sie hier am Jakominiplatz rechts in die Radetzkystraße abbiegen." „Das hätten sie mir früher sagen müssen.", entgegnete der Straßenbahnfahrer. „Diese Straßenbahn fährt nach Puntigam zum Cineplexx, zum Kino. Dort fahren wir eine Schleife und es geht zurück Richtung Andritz. Jetzt kann ich nicht mehr wenden. Ich habe auch keinen Retourgang." „Gut", sagte der Entführer „dann entspanne ich mich ein wenig, aber am Rückweg biegen wir nach der Jakoministraße in die Radetzkystraße, und machen sie keine Mätzchen, tun sie so als wäre normaler Betrieb. Bei dem kleinsten Versuch zu fliehen oder Aufmerksamkeit zu erregen, jage ich das Grazer Rathaus in die Luft. Keine Meldung an die Polizei und keine Warnung der Fahrgäste ohne meine Aufforderung! Verstanden?“ „Verstanden“, antwortete der Straßenbahnfahrer. „So, jetzt können wir ein wenig entspannter miteinander weitersprechen.“ Damit er nicht sofort als der beliebte und berühmte Schauspieler Kurt Remscheid erkannt wurde, zog Albert Wirsch seinen Schlapphut aus der Tasche und setzte ihn auf. „Sehr geehrter Herr Straßenbahnfahrer! Das muss ich ihnen noch erklären: Diese Bombe nimmt meinen Herzschlag und meine Atemtätigkeit wahr. Setzt mein Herz oder mein Atem für länger als fünf Sekunden aus, kommt es zur Explosion. So, jetzt habe ich keine Lust mehr zu reden. Wenn wir dann am Rückweg wieder in die Jakoministraße einbiegen, erhalten sie von mir weitere Instruktionen.“ Der Entführer Albert Wirsch zog das Drehbuch von Harald Wurscht aus der Manteltasche und studierte doch noch ein wenig die schriftlichen Regieanweisungen. Es war mittlerweile halb zehn geworden und die Straßenbahn Nummer fünf bog von der Conrad von Hötzendorfstraße in die Jakoministraße ein. „Sehr geehrter Herr Entführer“, der Straßenbahnfahrer flüsterte nach hinten „Was soll ich jetzt tun? Wir befinden uns bereits in der Jakoministraße.“ „Danke, dass sie mich erinnern, ich hätte wahrscheinlich wieder darauf vergessen, weil ich so in das Drehbuch vertieft war. Ähm, bitte lassen Sie mich an das Mikrofon“. Die Straßenbahn war zum Bersten mit Fahrgästen gefüllt.

Albert Wirsch alias Kurt Remscheid drängte sich neben den Fahrer ans Mikrofon: „Sehr geehrte Fahrgäste! Hier spricht der berühmte Schauspieler Kurt Remscheid. Ich war und bin immer noch sehr bemüht, so realitätsnah wie möglich zu arbeiten. Durch mein Engagement und durch meine Bemühungen haben sie nun die Chance an einer der interessantesten Entführungen, welche jemals in der Stadt Graz stattgefunden haben, als Geisel teilzunehmen. Diese Entführung wird exakt nach den Regieanweisungen aus dem Drehbuch von Harald Wurscht stattfinden. Bei dieser Entführung handelt es sich um ein neues Format. Diese Entführung ist Wirklichkeit, wird aber auch als abendfüllender Film aufgezeichnet. Da Politik und Filmwirtschaft keine Mittel zur Vorfinanzierung mehr zur Verfügung stellen, sind sie sehr geehrte Geiseln nun Teil einer Filmproduktion und einer echten Entführung. Sollte Blut fließen müssen, so wird es echtes sein und kein Filmblut. Ungeschminkt und realistisch wird hier Filmgeschichte geschrieben werden. Bitte bewahren sie Ruhe, dann wird ihnen kein Haar gekrümmt. Um meinen Forderungen Nachdruck zu verleihen, trage ich eine geladene Schusswaffe mit mir und habe den Explosionsauslöser einer Neutronenverschiebungsbombe umgeschnallt. Mit dieser Ausrüstung habe ich die Möglichkeit, ganz Graz mitsamt dem Schlossberg, der Märchengrottenbahn, dem Schlossberglift, der Schlossbergbahn und dieser Straßenbahn in die Luft zu jagen. Und wenn sie sich blöd spielen, ist der Schöckl, euer Hausberg, auch bald pulverisiert. Wenn sie meinen Anweisungen Folge leisten, wird ihnen nichts passieren. Versuchen sie bitte nicht zu fliehen. Als Nächstes werden wir mit der Straßenbahn in die Schmidgasse einbiegen. Und bis zum Eintreffen der Sicherheitskräfte um den Radetzkyspitz kreisen."

Alle Insassen der Straßenbahn glotzten verwundert, irritiert nach vor ins Innere der Straßenbahn. Die Straßenbahn bog in die Schmidgasse, folgte dem Joanneumring und fuhr zurück über die Radetzkystraße in die Schmidgasse. Nachdem die Straßenbahn mit den Geiseln, dem Straßenbahnfahrer und dem Entführer bereits die zehnte Runde um den Radetzkyspitz hinter sich hatte, rief ein Gast der Konditorei in der Radetzkystraße bei den Grazer Verkehrsbetrieben an: „Heanz", sagte er „i sitz do in da Konditorei und do fohrt scha zum zcihntn Mol a Strossnbohn durch die Radetzkystrossn vorbei. Die is full beseitzt und die Fohrgäst schaun olle deppat aussa als obs net wissatn wos tuan sulln. Geh schauts noch wos do lous is. Es is a Fünfa." Übersetzung: „Hören sie bitte zu. Ich sitze hier in der Konditorei und es fährt schon zum zehnten Mal eine Straßenbahn vorbei. Sie ist voll besetzt, und die Fahrgäste schauen alle irritiert aus den Fenstern, als ob sie nicht wüssten, wie ihnen geschieht. Bitte schauen sie nach, was da los ist. Es handelt sich um die Straßenbahn Nummer 5." „Wea fohtn grod mit an Fünfa?", (Welcher Fahrer fährt gerade die Straßenbahn

Nummer 5?) fragte der Mann in der Telefonzentrale der Grazer Verkehrsbetriebe in den Raum im Rondo am Jakominiplatz. Anette Schneider, eine sehr hübsche Busfahrerin, welche gerade ihre Schicht beendet hatte, wusste, dass Alois Meier mit dieser Straßenbahn unterwegs sei. „Alois Meier, bitte melden sie sich“, hörte man in den Lautsprechern der entführten Straßenbahn eine Stimme sagen. Albert Wirsch drängte sich wieder ans Mikro: „Hier spricht der berühmte Schauspieler Kurt Remscheid. Ich trage eine Schusswaffe und eine Neutronenverschiebungsbombe mit mir. Ich habe diese Straßenbahn entführt. Wenn alle meinen Anweisungen folgen, wird keinem ein Haar gekrümmt. Ich gebe ihnen nun meine Handynummer durch. Es müssen ja nicht alle alles mithören. Rufen sie mich bitte einfach zurück.“ Albert Wirsch gab seine Handynummer durch. Fünf Minuten später wurde er von der Grazer Polizei angerufen. Albert Wirsch in der Rolle von Kurt Remscheid hob ab. „Hallo, mit wem spreche ich?“, fragte er kurz und bestimmend ins Handy. „Hier spricht Hauptoberinspektor Alois Klein vom Grazer Stadtpolizeikommando, mit wem spreche ich?“ Albert Wirsch entgegnete: „Sie sprechen mit Kurt Remscheid, dem berühmten Schauspieler Kurt Remscheid.“ „Aber, Kurt Remscheid gilt als vermisst, und vor wenigen Tagen wurde entschieden, ihn für tot zu erklären, weil er seit drei Jahren von niemandem mehr gesehen wurde. Dieser Tage sollte die Meldung an die Presse gehen“, antwortete irritiert der Polizist. „Ich war nie tot. Der berühmte Schauspieler Kurt Remscheid war nie tot. Er lebte drei Jahre lang auf einem anderen Kontinent. Ich war in Südamerika, in Paraguay bei meinen Verwandten. Ein schönes Land. Sehr viel Grün, gutes Essen. Ich bin wieder da und werde als bester Schauspieler des Jahrhunderts in die Filmgeschichte eingehen. Weil ich mische Filmkunst mit Wirklichkeit und werde daraus ein neues Format entwickeln. Nach dem von mir entwickelten Prototypen werden in Zukunft alle Filme gedreht werden. Das Ganze wird nun in Form einer Entführung abgehandelt! Herr Hauptoberinspektor, ich handle hier eine Entführung ab. Wir werden nun so lange um den Radetzkyspitz in Graz mit dem Fünfer kreisen, bis alle meine Forderungen erfüllt sind. Sehen sie das?“, brüllte Albert Wirsch den Geiseln entgegen. Mit der einen Hand hält er nun das Handy ans Ohr, mit der anderen hält er das Drehbuch von Harald Wurscht in die Höhe.

„Das ist das Drehbuch, vom weltbesten Drehbuchautor und Regisseur Harald Wurscht, und dieses Drehbuch werden wir hier mit dieser Entführung umsetzten. Sie haben nun alle die Möglichkeit, Geisel und Filmagierender zu sein. Diese Chance hatte in dieser Form noch kaum ein Grazer Bürger bisher. Herr Hauptoberinspektor sind sie noch da?“, fragte Albert brüllend ins Handy. „Ich habe eine Schusswaffe und eine Neutronenverschiebungsbombe. Informieren sie sich bei einem Physiker, was das für ein tolles Instrument ist, und was man damit alles anstellen kann. Machen sie keine Mätzchen, denn dieses Instrument ist mit meinen Vitalfunktionen verbunden. Setzt mein Atem länger aus oder schlägt mein Herz nicht mehr, dann fliegt euch eure ganze Stadt um die Ohren. Auch wenn ich meinen Atem länger als eine Minute selbst anhalte, gibt es von eurer Stadt nur mehr einen mit Murwasser gefüllten Krater mit einem Durchmesser von ca 20 Kilometern. Würde einen schönen Badesee ergeben. Verstanden?" Mit wahnsinnigem Blick starrte Albert Wirsch verkleidet als Kurt Remscheid die Geiseln an. Entsetzt gafften alle zurück. „Was sind ihre Forderungen?", schallt es aus dem Handy. „Ich brauche vier Filmteams! Drei, an jeder Biegung unseres Rundkurses: Eines Ecke Radetzkystraße Schmidgasse, eines Ecke Schmidtgasse Joanneumring und eines am Radetzkyspitz. Das vierte Filmteam muss sich frei bewegen können, und wird mich und die Geiseln in der Straßenbahn filmen. Aus dem so entstandenen Material wird das neue Format vorerst als abendfüllender Kinofilm entstehen. Aus dem Überschuss an Material produzieren wir später jeweils Abendserien mit einer Dauer von 45 Minuten. Herr Inspektor! Ich geb ihnen 45 Minuten bis entsprechende Teams anwesend sind. Sie werden das schaffen, denn sie lieben ihre Stadt und sie lieben ihr eigenes Leben, Herr Hauptoberinspektor Klein." „Herr Remscheid, können sie mir mehr über die Neutronenverschiebungsbombe erzählen?" „Nein, Herr Hauptoberinspektor, in 45 Minuten sind die Filmteams positioniert. Ende. Ich melde mich, wenn ich etwas brauche." Und er legte auf.

Hauptoberinspektor Klein brauchte eine Minute, um vorerst einmal zu verdauen, was ihm da gerade ins Ohr gebrüllt worden war. Hauptoberinspektor Klein rief den Polizeidirektor an und forderte alle Vollmachten, welche notwendig sind, um alles in diesem Fall selbst entscheiden zu können. Hauptoberinspektor Klein ist ausgebildeter Terrorismusbekämpfer und für so einen Akutfall alleinbefugter Leiter einer Sondereinheit, welche innerhalb einer halben Stunde einsatzbereit sein muss. Bei den letzten Übungen hatte er es geschafft, alle ihm unterstellten Experten und Spezialisten innerhalb von sieben Minuten einsatzbereit zu haben. Heute dauerte es neun Minuten, und alle Zuständigen fanden sich im Bunker im Grazer Schlossberg ein. Es ging diesmal auch alles so schnell, weil sich fast alle Mitglieder der Truppe bei einem Empfang im Grazer Rathaus befanden. Diese Truppe besteht aus Politikern, Medienfachleuten, Wissenschaftlern, Ärzten, Militärs und Polizeikräften.

Hauptoberinspektor Klein wusste, dass es egal war, ob Remscheid mit der Neutronenverschiebungsbombe bluffte, oder nicht. Solche Drohungen sind ernst zu nehmen.

Der Bunker befindet sich im Innersten des Grazer Schlossberges. Es gab einen eigenen Ausstieg aus dem Schlossberglift mit einem Tarnnamen, um direkt in den Bunker zu gelangen. Auch zu Fuß besteht die Möglichkeit, den Bunker zu erreichen. Der Bunker ist komplett mit dem Notwendigsten ausgestattet, um drei Jahre lang unabhängig von der Außenwelt agieren zu können. 300 Menschen können zusätzlich zur Lenkungsgruppe um Hauptoberinspektor Klein im Bunker aufgenommen werden. Auf dem Weg zur Zentrale im Grazer Schlossberg rief Hauptoberinspektor Klein seinen Verbindungsmann im Landesstudio Steiermark an. Manfred Funk, der Intendant und Verbindungsmann von Hauptoberinspektor Klein, organisierte auf der Stelle vier Filmteams. Der militärische Transporthubschrauber wartete bereits startbereit auf der Wiese neben dem Funkhausgelände. Die vier Filmteams wurden mit ihrer Ausrüstung in den Helikopter verladen. Der Hubschrauberpilot flog vom Funkhaus mit den vier Teams in Richtung Radetzkyspitz und landete auf der Kreuzung westlich des Parkes am Radetzkyspitz. Innerhalb einer Viertelstunde nach der Landung des Hubschraubers waren die drei Außenteams auf ihrer Position, und der Kameramann mit Tonmann und Redakteur des vierten Teams in der entführten Straßenbahn Nummer 5. Exakt 37 Minuten nach dem Albert Wirsch die Filmteams gefordert hatte, befanden sie sich dort, wohin er sie befohlen hatte. Manfred Funk blieb im Landesstudio um von hier aus alle wichtigen Informationen an alle Entscheidungsträger in der Steiermark, Österreich und in der Europäischen Union weiterzugeben. Die NATO wurde auch informiert um sofort militärisch unterstützend einschreiten zu können.

Hauptoberinspektor Klein wurde informiert, dass eine Neutronenverschiebungsbombe bisher von keinem Staat dieser Erde offiziell entwickelt wurde oder zum Einsatz gekommen sei, aber laut Auskunft der Physiker in der Lenkungsgruppe sei es theoretisch möglich, durch Verschieben der Neutronen im Atomkern, gewaltige Explosionen von bisher nicht bekanntem Ausmaß auszulösen. Theoretisch ist dies möglich, man braucht nur gezielt feste Materie, egal welcher Zusammensetzung, mit der richtigen Strahlungsdosis zu beschießen. Es reicht ein Gramm richtig getroffene Materie aus, um den Effekt von 10 detonierenden Wasserstoffbomben zu erreichen.

Hauptoberinspektor Inspektor Klein rief Albert Wirsch an: „Sind sie zufrieden mir dem Ergebnis, Herr Remscheid? Wir sind sogar um 8 Minuten schneller bei ihnen gewesen, als gefordert.“ „Herr Hauptoberinspektor Klein, wenn sie so weitermachen, wird niemand zu Schaden kommen. Gratuliere, sie haben Manieren. Ich bin sehr zufrieden mit ihnen. Da sie sehr kooperativ sind, werden alle blutigen Szenen des Films mit Filmblut gedreht, und nicht mit echtem.“ „Haben sie das gehört, meine Damen und Herren Geiseln? Die Vertreter des Staatsapparates sind kooperationsbereit und es wird niemand von ihnen zu Schaden kommen. Freuen sie sich!“, brüllte Albert Wirsch zu den Geiseln. „Sie können stolz auf die Vertreter ihrer Stadt sein.“

In der Zwischenzeit schaltete sich auch die Gruppe Eurofurz ein. Eurofurz wurde gegründet um im allgemeinen Interesse gegen terroristische Aktivitäten innerhalb Europas vorzugehen. Eurofurz, die Terrorismusbekämpfungsgruppe, kann selbstständig agieren. Das Einzige, an was sich die Kämpfer von Eurofurz halten, sind die von ihnen selbst beschlossenen Bestimmungen und Regeln, an welche sich jeder Eurofurzer halten muss. An das internationale Kriegsrecht müssen sie sich auch halten.

Innerhalb einer Stunde waren die Scharfschützen von Eurofurz auf den Dächern und in den Wohnungen rund um den Radetzkyspitz positioniert. Ob der enormen Aufregungen um seine erste große filmisch inszenierte Entführung der Straßenbahn Nummer fünf, hatte Albert Wirsch in der Früh des ersten Entführungstages scheißen zu gehen vergessen, und auch das Brunzen (Pinkeln) hatte er ausgelassen. Nun, in der Mitte des Vormittages und in Anwesenheit des Filmteams, bemerkte Albert Wirsch, dass sein Körper nun sehr auf das Erledigen alles menschlich Wichtigen drängt.

„Halten Sie die Straßenbahn an und öffnen sie die Türe!“, befahl er dem Straßenbahnfahrer. „Und sie hören jetzt aber sofort mit dem Filmen auf!“ Das Filmteam in der Straßenbahn gehorchte. Der Straßenbahnfahrer öffnete die Straßenbahntüre und Albert Wirsch die Hosentüre. Er brunzte vorerst einmal aus der Straßenbahn und unter mächtigem Schnaufen auf den Asphalt hinaus. Danach drehte er sich blitzartig um und riss sich die Hose herunter. Zum Glück war der Gurt mit dem Auslöseknopf für die Neutronenverschiebungsbombe nicht mit der Hose verbunden.

Die Situation war für die Schafschützen von Eurofurz etwas ungewohnt. Sahen sie doch in ihren Visieren seinen blanken Arsch. Mit einer Hand hielt sich der Entführer am Geländer des Ausstieges fest, mit der anderen an der Tür der Straßenbahn. Er drückte eine ordentliche Wurst rotbrauner Kackc auf den Asphalt. Hatte er am Vorabend einen Rohnensalat (Rote Beete Salat) gegessen. Darum die Farbe.

„Knallt dieses Schwein ab!“, brüllte der Unterkommandant der Eurofurztruppe „Das ist eine beleidigende Provokation für uns, der zeigt uns den Arsch und scheißt dazu auf den Asphalt. Knallt ihn ab.“, brüllte der Unterkommandant nochmals in sein Mikrofon. „Geht nicht“, antworteten 20 Scharfschützen wie eine Stimme „Widerspricht unseren internen Ethikvorschriften. Paragraf 22/12. Es ist nicht gestattet, Menschen während oder beim Brunzen oder Scheißen abzuschießen. Brunzende oder scheißende Menschen genießen zusätzlich nach internationalem Recht den gleichen Schutz wie abgeschossene Kampfpiloten." „Kannst ja selber in sein Arschloch pulfern Schwuli!" antwortete einer der Scharfschützen in sein Mikro. Das hämische Gelächter, welches über Funk zu hören war, schmerzte den sehr unbeliebten Unterkommandanten ordentlich. Leider konnte er nicht herausfinden, wer von den Scharfschützen Schwuli gesagt hatte.

Eurofurz funktioniert in der Befehlskette so, dass alle ausführenden Scharfschützen am Kampfplatz alles selbst entscheiden. Daher gibt es für Eurofurzscharfschützen keine Befehlsverweigerung, weil es am Einsatzort keine Befehle gibt. Der Scharfschütze muss alles selbst entscheiden. Da der Unterkommandant noch Alte Schule war, dachte er, er könnte hier sich übermäßig aufspielen. Doch die Scharfschützen von Eurofurz erhalten lediglich über Funk oder Display Information, aufgrund welcher sie ihre eigenen Entscheidungen treffen.

Der Unterkommandant war gleich 7 Minuten nach dem Vorfall von Hauptoberinspektor Klein von der regionalen Lenkungsgruppe aus der Befehls- und Informationskette entfernt worden. Der Unterkommandant wurde in den noch immer auf der Kreuzung westlich vom Radetzkyspitz wartenden Helikopter komplimentiert, zum Flughafen ausgeflogen und mit der nächsten Maschine vom Flughafen Thalerhof (www.flughafen-graz.at) zurück nach Brüssel ausgeflogen.

Hauptoberinspektor Klein durfte kein Risiko eingehen. Er wusste: Für beschränkte Hitzköpfe, welche hier ihren eigenen Film drehen wollen, ist hier, ausgenommen für Entführer Kurt Remscheid, kein Platz. Hauptoberinspektor Klein trägt hier für fast alles und jeden die volle Verantwortung, außer für die Scharfschützen von Eurofurz, die unterstehen nur sich selbst. Die Informationen für ihre Entscheidungen werden von Hauptoberinspektor Kleins Lenkungsgruppe an die Eurofurzscharfschützen weitergegeben. Damit ist sichergestellt, dass keine voreiligen Handlungen gesetzt werden können.

Albert Wirsch war mit dem Scheißen endlich fertig. Zum Glück hatte der Straßenbahnfahrer immer eine Rolle Klopapier bei sich. Der Kameramann in der Straßenbahn reichte Albert Wirsch die Klopapierrolle weiter. Albert Wirsch wischte sich mit der einen Hand den Arsch sauber, mit der anderen hielt er sich am Türgriff der Straßenbahn fest. Danach warf er das mit Scheiße angepatzte Papier auf den von ihm produzierten Scheißhaufen und zog sich seine Hose wieder rauf.

Mit einem eleganten Schwung hievte er sich wieder zurück in die Straßenbahn. Der Straßenbahnfahrer drückte auf einen Knopf, die Tür schloss sich, und die Straßenbahn nahm wieder ihre Fahrt um den Radetzkyspitz auf. Albert Wirsch gab dem Straßenbahnfahrer sein Klopapier wieder zurück. Das Kamerateam ging wieder auf Sendung. Eine Geisel reichte ihm ein Frischetuch um die Hände zu säubern.

Aufgrund des Einsatzes neuester Kommunikationstechnologien entschied Hauptoberinspektor Klein, die Lenkungsgruppe außerhalb des Bunkers agieren zu lassen. Jedes Mitglied der Lenkungsgruppe wurde mit einem eigenen Displayhelm ausgerüstet, welcher eine reibungslose Kommunikation aller Lenkungsgruppenmitglieder ermöglichte. An diesem Helm waren ein Mikrofon und ein Kopfhörer befestigt. An der Vorderseite hatte dieser Halbvisierhelm ein durchsichtiges Display, auf welchem alle wichtigen Informationen für den Helmträger oder die Helmträgerin bei gleichzeitiger Sicht auf die Umwelt angezeigt wurden.

Der Bunker war erst vor drei Jahren fertiggebaut worden. Er hätte der Detonation einer Wasserstoffbombe standgehalten. Die Detonation einer Wasserstoffbombe war das größte Bedrohungsszenario, welches bis vor drei Jahren vorstellbar war. Mit der Drohung, eine Neutronenverschiebungsbombe detonieren zu lassen, war der Bunker sinnlos geworden. Davor konnte er nicht schützen. Also entschied Hauptoberinspektor Klein, direkt am Radetzkyspitz einen Container aufstellen zu lassen, um alle wichtigen Informationen, die Entführung betreffend, hier zusammenlaufen zu lassen. Der Container am Radetzkyspitz war auch die Sammelstelle für alles Filmmaterial, welches von den von Albert Wirsch bestellten Kamerateams aufgezeichnet wurde.

Sofort nach Bekanntwerden des Entführungsfalles der Straßenbahn am Radetzkyspitz in Graz, meldeten sich bereits die ersten Schauspieler um Benefizlesungen abzuhalten. Der eine setzte sich für die Angehörigen der Entführungsopfer ein, noch bevor jene überhaupt wussten, dass Angehörige von ihnen entführt worden waren. Ein anderer sammelte für die Therapie der schwer traumatisierten Entführten für das Leben nach der Entführung. Einer las sich die Lunge wund für des Straßenbahnfahrers verzweifelte Frau und deren arme Eltern. Auch mehrere Künstleragenturen wurden um Hilfe und um Vermittlung von lesebereiten Schauspielern gebeten. Insgesamt nahmen über 200 Grazer Schauspieler und Schauspielerinnen an verschiedensten Benefizveranstaltungen zugunsten der Entführungsopfer, deren Angehörigen, deren Haustieren, deren Psychologen und Therapeuten teil. Es entstand ein richtiger Wettkampf unter den Vorlesern und Vorleserinnen um einen Platz in den Medien. Wie es sich für richtige Schauspieler gehört, kämpfte man wie ein Löwe oder eine Löwin um jeden Auftritt. Das Ganze passierte gleich am ersten Tag der Straßenbahnentführung.

„Nein!“, sagte der Herr Filmschauspieler Hustl Mölpser aus Mittelhintertupfing. „Ich brauche keine Medienpräsenz, schauen sie, ich bin für Bainrow, für Mensch mit Herz, für Von mir für Tier, und bei Rette Was aufgetreten, gratis aufgetreten. Kein Medium hat berichtet. Ich bin nicht mediengeil!“, brüllte er in die laufende Kamera. „Ich brauche das alles nicht.“, setzte er noch nach bis der Kameramann wieder auf die Straßenbahn am Radetzkyspitz schwenkte. „Das war unser volkstümlich, medienscheuer Schauspieler Hustl Mölpser aus Mittelhintertupfing, welcher alles uneigennützig und ohne wirtschaftliches Kalkül zum Wohle für die Armen und Schwachen macht. Seinen Ellenbogen gegen andere Kollegen setzt er nur dann ein, wenn er weiß, dass er mehr für die Armen und Schwachen tun kann als seine Kolleginnen und Kollegen. Darum ekelt er sie auch gerne hinaus, aber nur weil er damit mehr und stärker den Entführungsopfern helfen kann. Grausamkeit aus Uneigennutz, welch eine Tugend.“ „Nun Spaß beiseite.“, setzte der Reporter fort. „Im Hintergrund sehen sie die entführte Straßenbahn mit dem Entführer und den Geiseln. Was sehe ich hier?“ „Kameramann bitte näher ranzoomen“, hört der Kameramann aus der Regie in seinen Kopfhörer reinsagen.

Das Fernsehen nimmt gerade die Szene auf, bei welcher der Entführer gerade aus der Straßenbahn scheißt. „Oh nein, schwenken sie wieder weg“, befiehlt der Mann aus dem Regieraum. Die Kamera schwenkt wieder auf den Reporter Adi Leger. „Wir wissen zurzeit nur, dass der Entführer Kurt Remscheid heißt und ein lange als vermisst geltender Schauspieler ist. Und dass auch er menschliche Bedürfnisse hat."

Die Straßenbahn hält kurz an, die Straßenbahntür öffnet sich. Der als Kurt Remscheid verkleidete Albert Wirsch brüllt in ein Handmegafon in Richtung filmendes Kamerateam: „Wir brauchen dringendst Klos! Bringt uns 20 mobile Kloanlagen! 14 Geiseln müssen brunzen und 22 scheißen und brunzen. Wenn sie verhindern wollen, dass hier Seuchen ausbrechen, handeln sie schnell. Alle Geiseln haben Hunger. Reservieren sie das Restaurant am Radetzkyspitz, wir haben Hunger. Um 12.00 haltet die Straßenbahn vor dem Restaurant, und dann werden alle Geiseln ein Menü zu sich nehmen." Die Straßenbahntüre schließt, und die Straßenbahn macht sich wieder auf die Reise.

Der Entführer brüllt über sein Megafon in das Innere der Straßenbahn: „Liebe Geiseln, haben Sie gehört: um 12.00 gibt es Mittagessen." Hauptoberinspektor Klein, welcher auch alles über Funk mitgehört hat, brüllt in die Richtung der vorbeifahrenden Straßenbahn über sein Megafon: „Herr Remscheid, wenn sie bei der nächsten Runde am Spitz beim Restaurant vorbeifahren, halten sie an, lassen sie die notbedürftigen Geiseln im Restaurant aufs Klo gehen und bestellen Sie gleich die Speisen für alle Geiseln. Sagen sie, dass alles auf die Rechnung von Hauptoberinspektor Klein geht. Dann erspare ich mir das saublöde Vermitteln."

Nach der nächsten Runde um den Häuserblock hielt die Straßenbahn wirklich vor dem Restaurant. Der Entführer stieg aus und betrat das Restaurant. Ihm folgten ganz brav wie eine Schulklasse alle WC-bedürftigen Geiseln. Der als Kurt Remscheid verkleidete Albert Wirsch bestellte für jede Geisel für 12.00 Uhr je ein Menü und ein Getränk nach freier Wahl. Zwei Geiseln scherten aus und wollten gleich selbst bestellen, wurden aber vom Entführer gebeten, erst zu Mittag eine Speise und ein Getränk zu sich zu nehmen, da alle Konsumationen, welche eigenmächtig bestellt werden, selbst zu bezahlen seien. Ein Argument, welches überzeugte. Nach verrichteter Notdurft stiegen alle Geiseln brav wieder in die Straßenbahn. Einige der Geiseln, welche bei diversen Spielfilmen Statisterieerfahrung gemacht hatten, motivierten die filmunerfahrenen Geiseln weiter mitzumachen, da bei diesem Projekt besonders auf das Wohl der Agierenden geschaut werde. Bei den meisten Filmproduktionen in dieser Stadt wurde man mit einer Tafel Schokolade abgespeist. Bei dieser Produktion hier scheint es aber eine hochwertige kulinarische Ganztagsversorgung für alle Beteiligten und -innen zu geben.

Nach einigen weiteren Runden, welche die Straßenbahn um den Radetzkyspitz zog, war es 12.00 mittags geworden, und alle Geiseln freuten sich schon auf das Mittagessen. Die Straßenbahn hielt wieder vor dem Restaurant. Beim Aussteigen wurde jedem Fahrgast der Menüplan für die kommende Woche in die Hand gedrückt.

Der Menüplan sah für diese Woche folgendermaßen aus:

Vorspeise:

Gemischter Blattsalat oder Suppe des Tages

MONTAG:

Spaghetti mit pikanter Shrimpssoße

DIENSTAG:

Kümmelkarree mit aufgesetzten Kartoffeln

MITTWOCH:

Paprikahenderl mit Duftreis

DONNERSTAG:

Gebratenes Barschfilet auf Zartweizen und mediterranem Gemüse

FREITAG:

Faschierter Braten mit Kartoffelpüree

Nachher: Espresso oder Macchiato

Hauptoberinspektor Klein hatte bereits einen Tisch am Fenster für Kurt Remscheid und sich reserviert. Er holte ihn von der Straßenbahn ab und begleitete ihn zum Tisch. Alle Geiseln aus der Straßenbahn folgten den beiden ins Restaurant. Hauptoberinspektor Klein und auch Kurt Remscheid nahmen am Fenstertisch Platz. Hauptoberinspektor Klein nahm seinen Halbvisierhelm ab.

Nach kurzem Ablauf hatten auch alle Geiseln einen Platz im Restaurant gefunden. Die Suppe wurde serviert. Kürbiscremesuppe. „Herr Remscheid, die Entführung, wie lange soll das Ganze dauern, und was haben sie als Nächstes vor? Für uns ist diese Art von Terrorismus neu, und im Großen und Ganzen wissen wir nicht, was wir damit anfangen sollen. Dadurch, dass sie diese Neutronenverschiebungsbombe besitzen, sind wir ihnen hoffnungslos ausgeliefert.“, stellte Hauptoberinspektor Klein fest. Albert Wirsch: „Lieber Herr Hauptoberinspektor, ich mache nur meinen Job. Hier handelt es sich um ein Filmprojekt, ein neues Format, welches noch nie in dieser Art abgewickelt wurde. Rechtlich gesehen handelt es sich hier um die brutale Entführung einer Straßenbahn mit Geiselnahme. Aber vom Ablauf her ist es ein Filmprojekt. Nach Beendigung der ganzen Geschichte liefern sie mir bitte alle Bänder der Fernseh- und Videomitschnitte ab. Daraus wird ein Film über die Entführung einer Straßenbahn geschnitten. Das ist alles. Beim Projekt handelt es sich um eine improvisierte Aktion. Ich selbst weiß auch nicht mehr, als dass hier eine Straßenbahn im Kreis fahren wird. Alles, was weiter passieren wird, wird von unser beider Verhalten und unseren Entscheidungen beeinflusst und bestimmt werden, oder auch nicht.“, erklärt Albert Wirsch in der Maske von Kurt Remscheid. Hauptoberinspektor Klein, ganz leise flüsternd und über den Esstisch gebeugt: „Herr Remscheid, oder wie sie auch immer heißen, sie sind nicht der Schauspieler Kurt Remscheid. Kurt Remscheid ist vor drei Jahren an Krebs verstorben. Anhand der DNA-Analyse wissen wir dies. Wir haben dies nie an die große Glocke gehängt, weil Remscheid sehr beliebt war. Wir befürchteten Unruhen und Ausschreitungen bei der Bekanntgabe seines Todes und daher hielten wir sein Ableben geheim. Dass sie hier als Kurt Remscheid aufgetaucht sind, stört uns nicht. Lassen sie ihn nur gut weiterleben. Die Menschen brauchen Helden. Wer ihn gerade spielt, ist uns egal. Sie spielen ihn sehr gut und glaubwürdig und sie wirken auf uns kalkulierbar.“ Hauptoberinspektor Klein lehnte sich wieder zurück auf die Sitzbank und hob sein Glas.

„Lassen wir Kurt Remscheid hochleben“, brüllte Hauptoberinspektor Klein ins Restaurant zu den Geiseln, welche gerade eine Kürbiscremesuppe hinter sich hatten und freudig auf die Spaghetti mit Shrimpssoße warteten. „Hoch lebe Kurt Remscheid“, brüllte Inspektor Klein. „Hoch lebe Kurt Remscheid!“, brüllte die Meute der Geiseln zurück. Hauptoberinspektor Klein und Albert

Wirsch wurden nach der Kürbiscremesuppe die Spaghetti mit pikanter Shrimpssoße serviert. Beide tranken ein Pepsi Light dazu. Zum Abschluss bestellten beide einen Espresso.

Hauptoberinspektor Klein wollte noch wissen, was es mit der Neutronenverschiebungsbombe auf sich hat. „Darf ich sie, Herr Remscheid, nun fragen, wie diese Neutronenverschiebungsbombe ungefähr funktioniert, bevor sie wieder in die Straßenbahn steigen?“, fragte Hauptoberinspektor Klein sehr höflich. „Sehr gerne.“, entgegnete Albert Wirsch alias Kurt Remscheid.

Albert Wirsch spielte ihm ein Video auf seinem I-Phone ab. Auf diesem Video konnte man sehen, wie sich ein kegelförmiger Berg mit der Höhe von 100 Metern und einem Durchmesser von 400 Metern innerhalb weniger Sekunden in Staub auflöste. „Um einen solchen Berg zu pulverisieren, reicht ein Würfel von 1mmx1mmx1mm Materie, in welchem man die Neutronen aus den Atomkernen entfernt. Daraufhin zerfällt alle Materie im Ausmaß eines solchen Berges in einen Zustand, welchen wir auch nicht verstehen. Aber es funktioniert. Meine Bombe wirkt auf einen Kubikzentimeter Materie, hat also die 1000fache Wirkung des am Video gezeigten.“ Inspektor Klein begann zu schwitzen. „Herr Remscheid, könnten sie uns dieses Video überspielen?“ „Gerne“, entgegnete Albert Wirsch „am späten Nachmittag werde ich ihnen dieses Video übersenden.“

Nachdem alle Geiseln ihre Mittagsmahlzeit zu sich genommen hatten, stiegen alle brav wieder in die Straßenbahn ein, und die Tramway setzte ihre Reise um den Radetzkyspitz fort. Alle Geiseln hatten es sich bereits bequem gemacht und waren in eine gewisse Nachmittagsruhe verfallen. Plötzlich, wie aus dem Nichts unbemerkt an den Polizeiabsperrungen vorbeigeschlichen, stand auf einmal eine weibliche Person auf den Geleisen am Joanneumring und fuchtelte wild mit einem Regenschirm umher.

„Scheiße", hörte man Albert Wirsch als Kurt Remscheid verkleidet sagen. „Scheiße, die hat mir gerade noch gefehlt. Ich liebe und verehre sie, aber immer wenn ich sie nicht brauche, taucht sie bei mir auf. Immer dann. Lieber Herr Straßenbahnchauffeur, ich habe keinen leichten Job. Darf ich vorstellen: Piri Hager, meine große unerfüllte Liebe aber gleichzeitig mein persönlicher Albtraum. Halten sie an und lassen sie mich raus. Ich will wissen, was sie jetzt von mir will."

Die Straßenbahn hält zwei Meter vor der wild auf den Geleisen gestikulierenden Dame an. Albert Wirsch steigt aus, und ein Schwall an Schimpfworten und Beleidigungen wirkt auf ihn ein. Von Albert Wirsch wollte sie nichts. Mit dem Kurt Remscheid hatte sie noch mehrere Rechnungen offen. „Du elendiges Schwein, du elendiges Dreckschwein", ruft ihm die sehr hübsche 35 Jahre alte Schauspielerin zu. Piri Hager ist 178 groß, gut gebaut, braunhaarig, sehr attraktiv, aber für ihre Wutausbrüche von allen Regisseuren und Schauspielern gefürchtet. Von allen. „Du elendiges Dreckschwein hast mir vor drei Jahren versprochen, dass ich in diesem Film die weibliche Hauptrolle bekomme. Du hast gesagt, du wirst mit Harald Wurscht reden und sagen, dass du diesen Film nur mit mir an deiner Seite spielen willst. Du widerliche abartige Sau." Albert Wirsch wusste nicht, was Kurt Remscheid Piri Hager vor drei Jahren versprochen hatte, und was nicht. Kurt Remscheid hatte ihm nichts von einer Kooperation mit Piri Hager gesagt, also musste er improvisieren. „Ich hatte dir das versprochen, weil ich Angst vor dir hatte. Alle Regisseure fürchten dich und sagen halt: Ja, weil sie ihre Ruhe von dir haben wollen.", dichtete Albert Wirsch in der Maske von Kurt Remscheid. „Du Schwein! Alles hast du mir versprochen, nur damit du mich ficken kannst. Du wirst dafür bezahlen du Schwein. Du Ausnutzer." Albert Wirsch hält noch das Megafon in der Hand als sie es plötzlich mit der rechten Hand an sich reißt. Piri Hager brüllt in das Megafon in Richtung Scharfschützen: „Ich werde euch zeigen, was ich mit einem Regisseur mache, welcher versucht mich zu bescheißen. Das soll allen eine Lehre sein!" Piri Hager legt das Megafon auf den Boden und beginnt mit dem Schirm auf Albert Wirsch in der Verkleidung von Kurt Remscheid einzudreschen. Albert Wirsch wehrt die Attacken mit seinen Unterarmen ab. Aufgrund der Maske, welche er trägt, kann er sich nicht frei bewegen. Sonst hätte er ihr eine Gestreckte auf die Nase gegeben und die Sache wäre erledigt gewesen. Piri Hager drosch auf Albert Wirsch ein, bis der Schirm abgebrochen war. Dann schmiss sie den Schirm von sich und packte Albert Wirsch am Hals. Albert Wirsch in der Maske von Kurt Remscheid war nicht mehr in der Lage sich zu wehren, da er befürchtete, dass sich die Maske löste und das ganze Unternehmen dann gestorben wäre. Piri Hager würgte ihn so heftig, dass er kurz das Bewusstsein verlor, umfiel, und Piri mit zu Boden riss. Noch im Fallen der beiden hörte man drei Schüsse. Albert Wirsch kam wieder zu sich, schnappte das Megafon und rettete sich in die Straßenbahn. Piri Hager blieb regungslos liegen. Schnell eilten ein Notarzt und zwei Sanitäter mit einer Bahre herbei und transportierten Piri Hager ab. Alles war live mitgefilmt worden und wurde bereits weltweit ausgestrahlt. Hauptoberinspektor Klein war von den Reportern genötigt worden, sofort eine Pressekonferenz vor Ort abzuhalten.

Die Reporter bedrängten Hauptoberinspektor Klein wegen dieses Vorfalles sehr energisch. „Wie kann es möglich sein, dass eine fremde Person trotz Polizeiabsperrung so nahe an die Straßenbahn herankommt? Warum wurde eine Unbeteiligte, welche den Geiselnehmer zur Strecke bringen wollte, erschossen?“, lauteten die Fragen.

„Sehr geehrte Damen und Herren, wie sie wissen, besitzt unser Entführer Kurt Remscheid eine Neutronenverschiebungsbombe. Hätte die Angreiferin Kurt Remscheid getötet oder bei ihm nur einen längeren Atem- oder Herzschlagaussetzer provoziert, so wären wir alle wahrscheinlich nicht mehr hier. Die Bombe hätte sich von selbst gezündet. Die Auswirkungen einer solchen Bombe durfte ich mir am I-pad des Entführers anschauen. Die mir unterstehenden Beamten haben richtig gehandelt." Hauptoberinspektor Klein greift sich ans Ohr. „Die Identität der angreifenden Dame: Ich gebe die Meldung aus der Zentrale wieder. Bei besagter Person handelt es sich um die weststeirische Film- und Theaterschauspielerin Piri Hager. Alter 35 Jahre, Größe 178. Mehr Informationen gibt es zurzeit nicht über die Person. Frau Piri Hager begab sich als Polizistin verkleidet in die Nähe unseres Aktionsortes. Daher war es für sie sehr einfach, sehr nahe an die Straßenbahn heranzukommen. Kurz bevor sie sich auf die Geleise stellte, entledigte sie sich der Uniform und war in dem braunen Kostüm, wie sie sie zuletzt sahen, vor die Straßenbahn getreten. Dies ergaben unsere Videoauswertungen."

„Es sah zwar nicht so aus, aber Frau Piri Hager wurde von einem Betäubungsprojektil, welches von einem Blasrohr von unserer Sondertruppe abgefeuert wurde, erfolgreich getroffen worden und befindet sich zurzeit im Tiefschlaf im Krankenhaus. In zwei Stunden wird sie wieder zu sich kommen. Die lauten Schüsse waren Platzpatronen, welche vorsichtshalber abgefeuert wurden, wäre es aus taktischen Gründen notwendig gewesen, Frau Piri Hager für tot zu erklären. So hätte das Abschießen der Platzpatronen die Argumentation dafür geliefert. Nachdem Frau Piri Hager in den nächsten Stunden von uns einvernommen worden sein wird, besteht sicher für die eine oder den anderen von ihnen die Möglichkeit für ein Interview mit Frau Piri Hager. Sofern die Dame dies selbst wünscht." Noch bevor Hauptoberinspektor Klein seine improvisierte Pressekonferenz zu Ende abhalten konnte, war das Ableben der „berühmten" Schauspielerin Piri Hager von den Medien weltweit verbreitet worden. Unmengen von Beileidschreiben und Mails erreichten die Redaktionen der Fernsehstationen.

Und wieder initiierten die wichtigsten von allen selbst ernannten, unterbeschäftigten Wohltuern und Wohltuerinnen Benefizveranstaltungen, welche allerdings nach fünf Minuten wieder abgesagt werden mussten. Piri Hager war am Leben und wurde von Herrn Hauptoberinspektor Klein für am Leben erklärt.

Von einer Sekunde auf die andere war Piri Hager nun ein Weltstar geworden. Nach der Lebendigerklärung von Piri Hager durch Inspektor Klein hagelte es nur so von Angeboten für Piri von Regisseuren und Filmfirmen, alle wollten Piri Hager. Und alle hatten es immer gewusst, dass sie einmal eine ganz Große werden würde. Vorher hatte sie nicht einmal ein Management und hantelte sich von einer kleinen Rolle zur nächsten. Jetzt wollten alle Piri Hager auf der Leinwand sehen. Die Heldin, welche es im Alleingang mit einem der gefährlichsten Verbrecher der Welt aufnahm, wollten alle verpflichten. Mit einem gefährlichen Entführer und einer ganzen Straßenbahn hatte sie es aufgenommen, diese mutige Frau.

Mittlerweile tauchte die Meldung bei den Medien auf, dass den Russen eine Neutronenverschiebungsbombe gestohlen wurde. Albert Wirsch wunderte sich, wurde diese Bombe eigentlich hier entwickelt, und keiner auf der ganzen Welt wusste vor dieser Straßenbahnentführung etwas von der Existenz einer Neutronenverschiebungsbombe. Die Chinesen teilten mit, dass sie selbst bereits eine solche Bombe besitzen, aber sie hatten dies mehrere Jahre aus taktischen Gründen geheimgehalten. Die US-Amerikaner sagten, dass die Neutronenverschiebungsbombe für sie schon lange kein Thema mehr sei, da die Sprengkraft dieser Bombe viel zu schwach sei, und die Nordamerikanischen Wissenschaftler bereits an der Neutrinofokussierungsbombe arbeiteten. Mit diesem Wissen und dieser Technologie könne man ganze Galaxien zerteilen. Die Frage aber war, wer braucht so etwas. Wozu sollte man ganze Galaxien zerstören? Jedenfalls alle behaupteten zu wissen wie diese Bombe funktioniert und wie sie wirkt.

Die Fernsehstationen und ihre Experten waren für Stunden weltweit damit beschäftigt zu erklären, wie diese Neutronenverschiebungsbombe funktioniert. Jeder Experte hatte seine Erklärung. Was Albert Wirsch in der Verkleidung von Kurt Remscheid da umgeschnallt hatte, musste eine Höllenmaschine sein. Mit einem Knopfdruck einen Landstrich mit einem Radius von 50 Kilometern einfach einebnen mit allem, was darauf kreucht und fleucht, das kann nur Kurt Remscheid. Ein Knopfdruck, und alles ist vorbei.

Diese Waffe wirkt. Endlich hatten die Medien wieder einen ordentlich gefährlichen Verbrecher vor sich mit einer wirklich sehr gefährlichen Waffe, der Neutronenverschiebungsbombe. Die bisher unbekannte Schauspielerin Piri Hager kam nach zwei Stunden zu sich. Vor dem Landeskrankenhaus lagerten bereits die Fotografen und Reporter. Die Ärzte versuchten jeglichen Kontakt von Frau Hager mit der Außenwelt zu verhindern. Damit sie wieder zu sich findet und sich auch gut erholt. Immerhin hatte sie sich bei ihrem Sturz eine Platzwunde am Kopf zugezogen und trug auf der Stirn einen Verband. Doch die örtliche Polizei drängte, und Frau Hager wurde gleich nach dem Aufwachen vom örtlichen Polizeidienst einvernommen.

Frau Oberinspektorin Amanda Pirsch, die Assistentin von Hauptoberinspektor Klein, führte das erste Gespräch mit Frau Piri Hager. Es war 17.00 Uhr als Frau Oberinspektorin Pirsch Frau Piri

Hager besuchte. Der Oberarzt führte Frau Oberinspektorin Pirsch zu Frau Hager. Der Oberarzt Dr. Fein klärte Frau Pirsch über den aktuellen Zustand von Frau Hager auf: „Die Patientin ist klar orientiert. Eigentlich am Wege der Besserung. Wir möchten sie gerne noch eine Woche hier behalten. Einfach zu Ihrem eigenen Schutz vor den Reportern. Nach Ihrer Einvernahme wird es morgen um 14.00 ein Fernsehinterview geben. Und übermorgen um 10.00 kommt eine Reporterin von dem internationalen Magazin „Der Prügel". Bitte treten Sie ein." Dr. Fein klopft an die Türe, ein zartes „Herein" ist zu vernehmen. „Bitte, Frau Oberinspektorin Pirsch, treten sie ein. Frau Hager: Frau Oberinspektorin Pirsch ist von der örtlichen Polizei und möchte ihnen ein paar routinemäßige Fragen stellen. Geht das?" Frau Hager antwortet: „Gerne". Oberarzt Dr. Fein: „Dann lasse ich sie beide nun alleine, wenn sie etwas brauchen einfach nach der Schwester klingeln." Vor dem Krankenzimmer von Frau Piri Hager waren zwei Polizisten von einer Spezialeinheit von der Terrorismusbekämpfung abgestellt. Und auch am Eingang des Krankenhauses standen mit Maschinenpistolen bewaffnete Polizisten. Im Krankenhaus befanden sich weitere 40 Beamte und Beamtinnen eines Sonderkommandos als Pfleger, Ärzte und Krankenschwestern getarnt, um Frau Piri Hager zu schützen.

„Oberinspektorin Pirsch mein Name, ich bin von der örtlichen Polizei." Die Polizistin streckte Frau

Hager ihre Hand entgegen. Beide schütteln die Hände. „Ich habe ihnen eine große Tafel Schokolade mitgebracht. Man sagte mir, sie lieben Schokolade." „Ja das stimmt, ich liebe Schokolade über alles." Frau Oberinspektorin Pirsch hat auf einem Sessel neben Frau Hager Platz genommen. Frau Hager richtet sich im Bett auf und zieht Frau Oberinspektorin Pirsch zu sich und flüstert ihr ins Ohr: „Wenn es nach mir ginge würde ich nur Schokolade zu mir nehmen, aber, die lassen mich nicht so, wie ich will. Die meinen immer, ich müsste auch Gemüse und Obst essen." Frau Hager ließ sich wieder ins Bett zurückfallen und seufzte laut. „Frau Hager, seit wann kennen sie Herrn Remscheid?" „Uch, diesen falschen Hund kenne ich schon lange. Dieses Schwein wollte allen weismachen, er sei verschollen, und nun entführt dieser Verräter eine Straßenbahn und macht daraus noch ein Filmprojekt, diese Ratte. Ich hasse ihn." „Warum?" „Seit zehn Jahren verspricht er mir schon, mich bei seinen Regisseurskollegen für eine Hauptrolle vorzuschlagen. Gemacht hat er nichts. Ich werde dem Harald Wurscht sagen, bei seinem nächsten Film wirst du die weibliche Hauptrolle spielen, hat er gesagt. Einen Dreck hat er gemacht. Hat sich für die ganz jungen Weiber eingesetzt. Diese Sau. Mir hat er immer vorgegaukelt, ich sei seine große Liebe, aber er kann ja von seiner Frau nicht weg wegen der Kinder und wegen des einflussreichen Schwiegervaters. In Wahrheit ist er nur zu mir gekommen, damit wir uns gemeinsam eine Straße in die Nase ziehen, und dann haben wir gefickt wie die Wahnsinnigen. Liebe war das nicht. Ich muss wieder zurück zu meiner Frau, hat er dann immer gesagt, und ich liebe dich. Piri wegen dir lass ich mich eines Tages scheiden. Ich kenne keine so leidenschaftliche Frau wie dich, mein Schatz, dieser falsche Hund. Ich bin eine gute Schauspielerin und ich lasse mich von so einem Teppen nicht verarschen." „Frau Hager, ich verstehe ihre Emotionen, aber kommen wir wieder zurück zur Sache. Sie kennen Herrn Kurt Remscheid seit 10 Jahren. Wann haben sie ihn aus den Augen verloren?" „Vor drei Jahren. Ich war mit ihm Kaffee trinken, und dann war auf einmal alles vorbei. Er war verschollen und jetzt taucht er auf einmal auf und entführt eine Straßenbahn und will daraus einen Film machen, ohne mich zu informieren. Er hat mir die weibliche Hauptrolle versprochen." „Die haben sie jetzt, ich glaube vor dem Krankenhaus warten 20 Fernsehteams und berichten bereits über sie." „Meinen sie, Frau Oberinspektor?" „Ja", antwortet Oberinspektorin Pirsch „Ihr Streit mit Kurt Remscheid wurde in 80 Ländern dieser Erde live ausgestrahlt." Piri Hager öffnete die Verpackung der Schokoladentafel und belohnte sich mit einer Rippe. „Möchten sie auch eine, Frau Oberinspektorin?" „Nein danke, ich möchte meine Befragung abschließen. Können sie sich an das Datum erinnern als sie Kurt Remscheid das letzte Mal gesehen hatten, Frau Hager?" „Ja, das kann ich, denn das war mein Geburtstag, das war genau vor drei Jahren am 23. Februar, da hatten wir uns das letzte Mal getroffen im Café am Jakominiplatz, und dann war wie gesagt Funkstille. Bis vorgestern, da war er auf einmal in den Vormittagsnachrichten mit dieser Entführung der Straßenbahn zu sehen. Da ist mir aber dann der Kragen geplatzt." „Wo hatten sie eigentlich die Polizeiuniform her?" „Aus dem Theaterfundus, dort hängen 20 Uniformen herum, eine hat mir gepasst. Die hatte ich aber schon lange zu Hause herumhängen." „Und die bekommen sie so leicht hergeborgt?" „Ich bin Schauspielerin. Die kennen mich, die geben mir alles, was ich brauche." Oberinspektorin Pirsch: „Und die haben sie sich kurz vorher im Theaterfundus geholt?" Piri Hager: „Nein! Ich sagte, die Uniform lag schon lange bei mir herum. Ich zog mir die Uniform an und dann bin ich losgegangen hin zum Radetzkyspitz. Ich habe diese Straßenbahn mit diesem Falotten Kurt Remscheid aufgehalten und diesen Arsch zur Rede gestellt. Alles Weitere scheint ja von Ihnen aufgezeichnet worden zu sein." Oberinspektorin Pirsch: „Danke, Frau Hager, das war alles, was ich wissen wollte, lassen sie sich die Schokolade gut schmecken. Tschüss!" und schon war Frau Oberinspektorin Pirsch aus dem Krankenzimmer entschwunden und machte sich auf den Weg zum Radetzkyspitz um Hauptoberinspektor Klein alle Neuigkeiten zu berichten.

Langsam wurde es Abend. Ab und zu hielt die Straßenbahn, weil immer wieder jemand auf den Lokus musste. Die meisten Damen und Herren Geiseln gingen ins Restaurant direkt am Radetzkyspitz, um ihre Notdurft zu verrichten. Doch es gab auch zwei blasenschwache Herren und eine Dame, welche akut aus der Straßenbahn sprangen und hinter der Kastanie am Joanneumring Wasser ließen.

Da es Abend wurde, machte sich Albert Wirsch alias Kurt Remscheid Gedanken, wie er denn die Nacht verbringen möchte. Auch einige Geiseln meinten, dass sie nicht bereit sind, die ganze Nacht in einer Straßenbahn zu verbringen. Albert Wirsch in der Verkleidung von Kurt Remscheid rief Hauptoberinspektor Klein mit seinem Handy an: „Herr Hauptoberinspektor! Die Geiseln wollen nicht in der Straßenbahn übernachten und die meisten haben schon wieder Hunger und wollen ein Abendessen, und ich will eine Suite. Ich muss auch einmal abschalten können, auch als Geiselnehmer beanspruche ich Ruhe für mich. Haben sie dafür ein Budget?“ Hauptoberinspektor Klein antwortet: „Ja. Ich rufe gleich beim Hotel Erzherzog Johann an, ob die genug freie Betten haben.“

Nachdem die Geschäftsführerin vom Palaishotel Erzherzog Johann hörte, wie viel Geld pro Nacht für das Hotel bezahlt würde, und dass diese Geiselnahme einen Monat lang dauern sollte, wurden alle Gäste in andere Unterkünfte umquartiert, und das Hotel stand dem Geiselnehmer und den Geiseln und Geiselinnen zur Gänze zur Verfügung. Hauptoberinspektor Klein teilte Herrn Remscheid telefonisch mit, dass das Palaishotel Erzherzog Johann nun dem Projekt Straßenbahnentführung in Graz diene. Albert Wirsch in der Verkleidung von Kurt Remscheid wies den Straßenbahnfahrer an, den Radetzkyspitz zu verlassen und die Straßenbahngarnitur über den Jakominiplatz in Richtung Herrengasse zu steuern und am Beginn der Sackstrasse vor dem Palaishotel Erzherzog Johann zu halten.

„Meine Damen und Herren", tönte Albert Wirsch verkleidet als Kurt Remscheid ins Megafon „für heute ist genug gegeiselt worden. Wer möchte, darf nach Hause zu seiner Familie gehen, muss aber versprechen, morgen um 7.00 wieder hier zu sein. Die anderen Geiseln und Geiselinnen haben nun die Möglichkeit, heute im Palaishotel Erzherzog Johann zu verweilen, und den Abend dort ausklingen zu lassen. Bitte, wenn sie das Hotel verlassen, geben sie aus versicherungsrechtlichen Gründen bekannt, wann sie wieder zurückkommen. Wie sie alle sicherlich mitbekommen haben, handelt es sich um eine Entführung und um ein Filmprojekt. Jeder und jede, welcher und welche bei dieser Entführung mitgefilmt wird, erhält anteilsmäßig nach Beendigung der Geiselnahme ein entsprechendes Honorar ausbezahlt. In diesem Sinne einen schönen Abend. Wir treffen uns alle morgen um 7.00 Uhr vor dem Hotel und fahren dann zurück zum Radetzkyspitz. Gefrühstückt wird im Hotel."

Hoch motiviert stiegen die Geiseln und nun auch Filmschauspieler im Palaishotel Erzherzog Johann ab. Der Besitzer empfing die Gäste mit großer Freude: „Herzlich willkommen im Palais Hotel Erzherzog Johann, dem schönsten Hotel in Graz. Schon im 16. Jhdt. war unser Haus der größte Einkehrgasthof innerhalb der Grazer Stadtmauern. Im Barock des 18. Jhdt. wurde daraus bald ein feudales Palais mit weitläufigen Gemächern, Repräsentationsräumen und einer Kapelle. Aus jener Epoche stammen auch die prachtvollen Schmiedearbeiten für die Geländer im Innenhof, die sich bis heute unverändert erhalten haben. 1852 wird das Haus schließlich von Ferdinand Sonnhammer zuerst gepachtet und 1877 gekauft, der das feudale Palais in ein sehr vornehmes Hotel umwandelte und den allseits beliebten "steirischen Prinzen" Erzherzog Johann zu seinem Namenspatron erwählte. Bald schon war das Hotel Erzherzog Johann das erste Haus am Platz und war damit gern gewähltes Quartier und Treffpunkt interessanter Persönlichkeiten, vor allem aus der Aristokratie und aus Künstlerkreisen. Von Ferdinand Sonnhamers Witwe erwarb Fritz Müller, ein Großonkel von uns, das Hotel, welches nun schon mehr als hundert Jahre im Besitz der Familie ist. Umfangreiche Investitionen von unserer Seite haben dazu beigetragen, dass das Vier Sterne Hotel in puncto Komfort keine Wünsche offen lässt, ohne den historischen Charme eingebüßt zu haben. Aber das alles können sie im Prospekt wortgetreu nachlesen. Ich bitte um etwas Geduld bis unsere Rezeptionisten und Rezeptionistinnen ihnen die Schlüssel für Ihre Zimmer überreichen. Um 18.00 beginnt das Abendessen. Bitte wählen sie aus unserer Abendkarte. Um 20.00 Uhr dann spielt für sie unsere steirische Bluesröhre Rip Rasko im Grünen Salon und unten an der Bar tritt zeitgleich Christian Masser mit Gesang und Gitarre seine musikalische Reise von der Weststeiermark nach Los Angeles und zurück an. Ich wünsche ihnen einen erholsamen Aufenthalt in unserem Hotel." Es dauerte eine ganze Stunde, bis alle Geiseln und der Geiselnehmer ihre Zimmer hatten. Der eine wollte nicht mit dem, der andere brauchte eine Badewanne im Zimmer. Andere wollten nicht mit Schnarchern in einem Zimmer nächtigen.

Die drei Schüler, welche eigentlich zu ihren Eltern gebracht werden sollten, und aus der Geiselnahme ausscheiden hätten müssen, weigerten sich vehement nach Hause zu gehen. Sie forderten, und setzten durch, dass die Eltern auch im Hotel schlafen mussten. Bei einem Kind wurden die Eltern und die Eltern von beiden Eltern im Hotel mituntergebracht. Albert Wirsch in der Maske von Kurt Remscheid wurde die Erzherzog Johann Suite zugewiesen. Albert Wirsch war sehr schnell in seiner Suite verschwunden. Das Abendessen, ein fünfgängiges Menü, ließ er sich aufs Zimmer servieren. „Am Set gab es nie so gutes Futter.", sagte er zu sich selbst. Alberts Maske war eine Spezialkonstruktion und müsste eigentlich drei Monate halten. Solange keiner an seinem Oberlippenbart reißt oder mit ihm zu raufen beginnt, gibt es keine Probleme damit.

Im Badezimmer prüfte er sein Gesicht. „Hoffentlich vergesse ich nicht, wer ich wirklich unter dieser Maske bin.“ Der Bart wächst zum Glück durch die Maske durch und kann mit einem elektrischen Rasierer abgeschnitten werden.

Nach dem Abendessen stellte sich Albert Wirsch unter die Dusche und schwemmte den Stress des heutigen Tages sich von seinem Körper. Danach zog er sich den hauseigenen Bademantel an und legte sich aufs Bett, um fernzusehen. Auf allen Kanälen weltweit brachten sie Berichte über die Entführung der Straßenbahn und die Szene mit Piri Hager, wie sie versuchte den Attentäter zu verprügeln, die Narkotisierung derselbigen und deren Abtransport. Ob in China, Russland, Island oder sonst wo, überall wurde nur über Piri Hager berichtet. Kurt Remscheid war dann nur mehr ein kleiner mieser Nebendarsteller. „Na, die Piri ist jetzt ein Weltstar, cool“, sagte Albert Wirsch vor sich hin. „Da werde ich sie gleich anrufen.“ Albert Wirsch nahm sein Handy zur Hand und funkte Piri Hager an. Albert hatte sein Wertkartenhandy verwendet: „Da brauchen die drei Wochen, bis sie wissen wer und wo ich bin.“ „Hallo“ hörte man am anderen Ende „Wer spricht dort?“ „Ich bin´s, der Albert Wirsch, ich hab dich im Fernsehen gesehen, du hast es dem Remscheid aber ordentlich gezeigt, wie geht es dir?“ Piri Hager antwortet: „Sehr gut, die kümmern sich sehr um mich hier im Landeskrankenhaus. Meine Agentur war nie so bemüht um mich wie diese Leute hier. Wo bist du, lieber Albert?“ „In Kärnten bei Freunden am Wörtersee. Ich mache drei Wochen Urlaub. Um mich von allem Stress zu erholen. Du weißt, der Tod von meinem besten Freund, von Harald Wurscht, hat mich sehr mitgenommen. Du siehst noch immer sehr hübsch aus. Zumindest im TV bist du so rübergekommen.“ „Danke.“ „Wenn ich aus meinem Urlaub zurück bin, würde ich mich gerne mit dir treffen.“ „Gerne. Ich treffe mich eh lieber mir einfachen Männern wie mit dir. Der Remscheid, der hat immer drei bis vier Weiber gleichzeitig gehabt und dann dauernd diese Kokserei. Seit ich damit aufgehört habe, geht es mir viel besser und meine Freundschaften halten auch etwas länger. Wie ich voll drauf war, hat keine Freundschaftsbeziehung, egal ob Mann oder Frau, länger als eine Woche gedauert und ich hatte nicht überrissen, woran das lag. Es war das Koks. Man wird asozial, brutalst asozial, und bemerkt es selbst nicht, bis man auf einmal ganz alleine da steht. In der Beziehung mit dem Kurt ist es immer nur um das Koks gegangen, nicht um mich, nicht um ihn, nicht um uns, nur um das Koks und die Kohle, mit der du es bezahlst. Der hat mir alles versprochen, nur damit er was zum Schnupfen und zum Tupfen bekommt. Der anschließende Fick war seine Entschuldigung, damit seine Lüge ihre Ordnung hat. Seine Lüge, dass er mich liebt. Der Idiot war nicht einmal in der Lage meinen Körper zu lieben. So zugedröhnt war er. Der hat weder sich noch mich gespürt dieser Antischwanz….und dann seh ich ihn im Fernsehen als diesen elendigen Hybriddarsteller. Erfinder eines neuen Formates. Alles hat er mir versprochen in seiner Drogen- Geld- und Sexsucht. Alles. Bekommen habe ich nichts. Nie, weil er durch die Jahre des Kokskonsums derart asozial geworden war, dass er überhaupt nichts mehr eingehalten hat, dieser Arsch. Und dann diese saudumme Filmentführungsaktion am Radetzkyspitz in Graz. Das war meine Chance für Rache, die ganze Welt sollte sehen, was das für ein Lump ist, dieser Remscheid, dieser Vollarsch." „Piri, wenn ich vom Urlaub in drei Wochen zurück bin, muss ich dir einiges erklären. Alles Liebe bis dahin.", verabschiedete sich Albert und legte auf.

Piri Hager ist eine Schönheit, eine ganz besondere Frau, aber durch den übermäßigen Kokainkonsum über die Jahre, hatte sie sich ihr Sozialverhalten abgewöhnt und war ständig unter Druck, viel Geld zu verdienen, um sich ihre Sucht zu finanzieren. Daher setzte sie alle Regisseure massiv unter Druck und versuchte, sie auch zu erpressen. Dieses ständige Erpressen und Geldnachfordern bei allen Produzentern und Regisseuren führte dazu, dass die Regisseure zu allem von ihr Verlangtem ja sagten um von ihr in Ruhe gelassen zu werden. Des Weiteren gab sie jedem und jeder, der mit ihr arbeitete, das Gefühl, dass er oder sie sowieso nur die Nummer zwei sei. Arbeitete sie mit dem einen Regisseur, so war der oder die andere mit der oder dem gerade nicht gearbeitet wurde der oder die bessere.

Und irgendwann hatte Piri Hager alle durch. Da half ihr ihre Schönheit auch nicht weiter. Denn kein Chef, keine Chefin, egal ob Produzent oder Regisseur, will gerne die Nummer zwei bei seinen Schauspielern sein. Und auf einmal engagierte niemand mehr Piri Hager. Kein Geld, kein Engagement, kein Koks, kein Sex. Und da begann sie nachzudenken, unsere Piri. Kein Koks o.k., kein Sex stehen wir auch durch. Kein Engagement! Wovon soll ich leben, wenn mich keiner mehr engagiert, dann gibt es auch kein Geld mehr. In ihrem Innersten begann etwas zu rebellieren und sie zu warnen. Piri Hager hatte wegen ihrer Kokserei alle Freunde und Freundinnen verloren. Alle waren auf einmal weg. Außer natürlich die Dealer und Dealerinnen, das waren noch immer die besten Freunde und Wegbegleiter auf dem Weg nach unten. Piri war bereits schon ganz unten. So weit unten, dass sie den Boden unter den Füßen wieder spürte.

Ein gescheiter Mensch sagte einmal zu ihr: „Erst wenn du ganz unten am Boden bist, kannst du dich wieder abstoßen und wieder nach oben.“ Piri

Hager hatte sich entschieden, wieder nach oben zu wollen und hörte mit dem Koksen auf. Nach einer Woche waren auch die allerletzten Freunde gegangen. Nachdem die Dealerfreunde und –freundinnen ihr kein Zeug mehr andrehen konnten, beschimpften sie zum Abschied Piri noch als Hure und Schlampe und waren für immer verschwunden.

Von nun an startete Piri ein neues Leben. Den ersten Tag verbrachte sie den ganzen Tag damit wie gelähmt im Bett zu liegen. Ohne Koks in der Nase, war sie es nicht gewohnt aus dem Bett zu kommen. Anscheinend brauchte ihr Körper diesen Tag, um auf drogenfreien Betrieb umzustellen. Sie hatte das Gefühl, sie vertrockne, aber sie schaffte es nicht aus dem Bett. Erst am zweiten kokainfreien Tag kroch sie in der Früh aus dem Bett ins Badezimmer und trank wie ein Verdurstender von der Wasserleitung. Ganze zehn Minuten saugte sie an der Armatur. Ja, sie trank nicht vom Wasserstrahl, sie saugte an der Armatur. Danach schleppte sie sich zurück ins Bett und verschlief den ganzen Tag. Kurz wachte sie wieder auf, ging aufs Klo und dann ins Bad, sah sich im Spiegel, kotzte ins Waschbecken, schleppte sich zurück ins Bett, verkroch sich wieder unter die Decke und schlief ein. Die typischen Angstzustände und Depressionen, welche auftreten, wenn man Kokain absetzt, blieben Piri Hager anscheinend erspart, da sie fast drei Tage durchschlief. Als sie wieder erwachte wusste Piri Hager nicht, ob sie am Leben war oder bereits im Jenseits.

Piris Augen waren offen, sahen alles, aber sie spürte ihren Körper nicht. Daher glaubte sie, sie sei im Himmel. Nach einigen Minuten bemerkte sie, dass ihre Zungenspitze am Gaumendach klebte. Mühsam löste sich die Zungenspitze vom Gaumendach. Speichel war keiner da. Gelähmt lag sie in ihrem Bett. Es dauerte eine ganze Stunde bis sie das Blut wieder in ihren Armen und Beinen spürte. „Euch werde ich es beweisen, noch ist nicht alles vorbei. Ich scheiß auf alle Drogen. Ich werde es euch allen zeigen. Den Remscheid mach ich fertig, wenn ich ihn erwische, weil der hat mich in dieses Schlamassel getrieben.“, dachte sie sich.

Endlich schaffte sie es aus dem Bett. Da sie ganz ausgetrocknet war, musste sie nicht urinieren. Sie schleppte sich ins Bad. Diesmal gehend und wankend, aber auf beiden Beinen ins Bad. Piri Hager wollte wissen, wer ihr diesmal aus dem Spiegel entgegenschaut, und ob sie sich wieder ankotzen muss, wenn sie ihr Spiegelbild sieht.

Im Spiegel erkannte sie eine reife Frau, eine hübsche Frau. Ein wenig hatte Sie schon am Leben teilgenommen, aber sie fand sich sympathisch mit ihren 35 Jahren. Piri Hager war noch immer eine sehr hübsche Frau. Noch immer eine Schönheit. Das konnte Piri im Spiegel feststellen. Innen in ihr drinnen war alles noch nicht im Gleichgewicht, doch das Gesicht, welches ihr aus dem Spiegel entgegenlächelte, war ein hübsches zufriedenes klar orientiertes Antlitz und das machte Piri froh. Sie war seit langem wieder glücklich, glücklich darüber, dass sie noch immer hübsch war, und dass sie sich selbst gefiel, wic sie aussah; nach all dem Koks und anderem Scheiß, welcher ihr Blut verseuchte und ihren Verstand blendete.

„Ich hab das alles überlebt und ich bin weg davon. Ich bin frei und meine Nase sitzt auch noch so im Gesicht, wie sie sein soll. Ich beginne wieder ich selbst zu sein. Ich schaffe das, sagte sie sich. Diese Dealer können mich doch alle am Arsch lecken. Die sollen ihren Dreck doch selber fressen." Piri Hager wankte in die Küche. Im Kühlschrank befanden sich mehrere Liter naturbelassener Ananassaft. Zwei Packungen waren im Nu geleert. Piri wankte zurück ins Schlafzimmer, warf sich aufs Bett und schaltete den Fernseher ein. Sie traute ihren Augen nicht.

Kurt Remscheid entführt eine Straßenbahn und will damit der Welt ein neues Filmformat vorführen. „Ich bringe dieses Schwein um!", brüllte Piri Hager im Bett liegend in Richtung Fernseher und schlief wieder ein. Als sie aufwachte, rief sie ihre Freundin im Theaterfundus an, weil sie eine Polizeiuniform brauchte. Ihre Freundin erklärte ihr, dass sie eh schon vor drei Wochen eine Uniform ausgeborgt hatte. Piri erinnerte sich wieder. In ihrem Drogenwahn wollte sie in der Polizeiuniform eine Bank überfallen, hatte aber dann darauf vergessen. Piri zog die Uniform an und machte sich auf den Weg um Kurt Remscheid zu stellen. In der Polizeiuniform schaffte sie es bis zu den Schienen am Joanneumring. Und dann durfte Albert Wirsch ausbaden, was Kurt Remscheid Piri Hager angetan hatte.

Albert Wirsch liebte Piri Hager von dem Tag an, an dem er mit ihr das erste Mal drehte. Eigentlich war er verrückt nach ihr. Albert Wirsch war ein ruhiger besonnener Typ, aber bei ihrem Anblick wurde er unruhig und nervös. Er liebte ihre dunklen Augen und ihr Temperament, welches sie auch ohne Drogeneinfluss niemandem verheimlichte. Doch in diesem Fall musste er in der Rolle bleiben und den Remscheid Kurtl spielen. Darum rief er sie am Abend aus dem Hotel an und erzählte ihr, er sei auf Urlaub in Kärnten. Nach seinem „Urlaub" wollte er ihr seine Liebe erklären.

Das Konzertangebot im Hotel wurde am ersten Abend von den Geiseln nicht gut angenommen. Bei Christian Masser waren es drei Zuhörer, beim Rip Rasko vier Gäste, welche sich das Konzert bis zum Schluss anhörten. Es lag nicht an den Musikern. Es lag einfach daran, dass alle Geiseln einfach zu müde waren. Eine Geiselnahme kann für alle Beteiligten sehr anstrengend sein.

Pünktlich um sechs Uhr früh erschienen brav alle Geiseln zum Buffet im Hotel. Albert Wirsch in der Maske von Kurt Remscheid ließ sich das Frühstück auf sein Zimmer servieren. Er rief Piri Hager an und fragte sie, wie es ihr heute ergehe. „Guten Morgen liebe Piri." „Guten Morgen lieber Albert." „Piri, darfst du schon das Haus verlassen?" „Ja, aber ich darf mich nur in Begleitung einer Polizeibeamtin am Gelände bewegen. Wegen der Paparazzi." „Hier in Kärnten kennt mich zum Glück keiner, da kann ich mich frei bewegen. Ich gehe jetzt laufen, und dann werde ich am Frühstücksbuffet tafeln. Ich freu mich schon auf ein Wiedersehen." „Ich mich auch, Albert. Ich wünsche dir einen schönen Tag." „Ich dir auch. Ciao!" „Ciao!" Mit ihrem Angriff auf Kurt Remscheid hatte Piri Hager den Kurt Remscheid, den Verführer, in sich getötet und war nun frei. Ein freier Mensch, der klar sehen konnte, der mit den eigenen Augen sah und nicht mit einem vom Koks verklärten Blick. Ein wenig war sie auch auf sich selber böse, weil sie über die Jahre sich das alles angetan hatte. Angetrieben von einem weißen Pulver. Angetrieben davon, an das weiße Pulver heranzukommen. Piri Hager lebte über Jahre in einem Film, aber nicht in ihrem Film. Nach einer Koksstraße nach der anderen wäre sie bald selber auf der asphaltierten Straße gelandet. Aber sie hatte rechtzeitig aufgehört. Jetzt schon, nach so kurzer Zeit, wunderte sie sich über die Klarheit ihres Verstandes. Jahrelang hauste sie hinter einem Nebelschleier und trüben Versprechungen, welche sie oft nie einforderte weil sie durch die Kokserei alles durcheinanderbrachte. Zwischendurch verwechselte sie sogar ihre Liebhaber.

„Der Albert ist doch sehr nett, und sieht eigentlich süß aus, so weit ich mich erinnern kann, und eine treue Seele war er auch immer. Der hat eigentlich immer alles eingehalten, was er versprochen hatte“, resümierte Piri Hager. Nachdem Geiselnehmer und Geiseln ausgiebigst gefrühstückt hatten, warteten alle vor dem Hotel auf die Straßenbahn, welche um 7 Uhr kommen sollte. Albert Wirsch war etwas verwundert, denn es schien so, als ob sich die Zahl der Geiseln vermehrt hätte. Ihm schien, als ob drei Mal so viele Geiseln auf die Straßenbahn warteten. Augenscheinlich ging sich die Geiselnahme nicht mehr mit einer Straßenbahn aus. Nervös suchte der Geiselnehmer die Nummer von Hauptoberinspektor Klein in seinem Handy. „Herr Hauptoberinspektor Klein, was soll ich machen, wir haben auf einmal drei Mal so viele Geiseln wie am Vortag. Ich brauche zwei weitere Straßenbahngarnituren und zwei Geiselnehmerhelfer und drei Walky-Talkys“, wandte sich der Geiselnehmer verzweifelt an Hauptoberinspektor Klein. „Bewahren sie Ruhe, es ist eh erst zehn vor Sieben. Ich schicke ihnen zwei weitere Garnituren und drei Agenten von E4217, zwei Frauen und einen Mann, als Geiselnehmerhelfer. In zehn Minuten warten drei Straßenbahngarnituren auf sie vor dem Palais Hotel Erzherzog Johann.“

Und so war es dann auch, um sieben Uhr hielten drei Straßenbahngarnituren mit Fahrer und Geiselnehmerhelfer vor dem Hotel. Alle Geiseln stiegen brav in die Straßenbahnen und warteten auf das, was geschehen wird. Die Straßenbahnen machten sich auf den Weg zum Jakominiplatz und weiter zum Radetzkyspitz. In der vordersten Straßenbahn befand sich der Geiselnehmer mit einem Geiselnehmerhelfer und den Geiseln. In den hinteren zwei Garnituren die Geiselnehmerhelfer und die weiteren Geiseln. Anscheinend hatte sich das sehr hohe kulturelle Niveau der Geiselnahme Herumgesprochen. Viele hatten ihre Freunde angerufen, und die waren anscheinend alle gekommen um Geisel sein zu können.

Auch die Bettler in der Stadt waren alle verschwunden. Dass es für jene, welche zu Hause schlafen, eine Entschädigung gibt, hatte sich anscheinend bis zu ihnen herumgesprochen. Das neue Format, Entführung und Filmprojekt in einem, zeigte somit bereits seine ersten gesellschaftspolitischen Auswirkungen. Der Grazer Gemeinderat hatte sich gleich am ersten Tag der Entführung zu einer Krisensitzung im Rathaus eingefunden. Die Bürgermeisterin Ida Marowitz wurde ständig über alle Ereignisse direkt von Herrn Hauptoberinspektor Klein informiert. Besser gesagt, sie hatte vollen Zugriff zu allen Telefonaten, welche er führte. Wegen des enormen medialen Interesses, welches die Entführung der Straßenbahn international mit sich brachte, entschloss sich die gesamte Stadtregierung, dieses Ereignis zeitlich so weit wie möglich hinauszuzögern. Allein an den Gebühren, welche nur von den Fernsehstationen für das Aufstellen der Kameras eingehoben wurde, wäre die Stadt finanziell saniert. Wegen der Unfähigkeit zu wirtschaften wurde der letzte Bürgermeister in einer Schnellschussaktion vom Gemeinderat abgewählt und die sehr intelligente und hübsche Ida Marowitz zur Chefin von Graz gewählt. Marowitz war 163 cm groß, schlank, hatte braune Mandelaugen, einen kleinen Busen, kurze schwarze Haare und schmale Hüften. Sie wirkte unschcinbar. Wenn sie sich nicht bewegte, nahm man sie gar nicht wahr.

Marowitz konnte zuhören. Man redete mit ihr oder zu ihr und dachte, sie sei irgcndwo anders in einer anderen Welt, doch in Wirklichkeit war sie hochkonzentriert und antwortete meist, bevor man selbst mit seiner Geschichte fertig war. Die Antwort war meist gleich schon die getroffene Entscheidung. Wegen ihrer Intelligenz und Entscheidungsfreude war die Stadt Graz wieder auf dem Wege zu großem Ansehen und wirtschaftlichem Wohlstand. An der Art und Weise wie Marowitz entschied und arbeitete, bereuten es die meisten Gemeinderäte, dass sie nicht schon früher den schlappen Bürgermeiser durch Frau Marowitz ausgetauscht hatten.

Endlich wurde in dieser Stadt wieder gearbeitet, endlich ging wieder etwas weiter. Der Gemeinderat ließ der Frau Bürgermeister in vielen Fragen freies Spiel, da sie weise und schnell war. Und sie tat der Stadt gut. Die drei Jahre bei der Uno und die fünf als Beraterin der EU-Kommission hatten sie zu der Person reifen lassen, welche die Stadt brauchte. Marowitz war keine Gefälligkeitspolitikerin, sondern sie hatte den Ehrgeiz die Stadt zu neuer Blüte erstrahlen zu lassen. Seit zwei Wochen war sie nun an der Spitze, und es wehte ein anderer Wind durch die Stadt. Ruhte sie sich aus, setzte sie sich hin, nahm man sie kaum wahr, aber kaum auf den Beinen, riss sie jeden und jede mit ihrer Energie mit. Es war, als sei eine neues Zeitalter angebrochen. Und so wurde entschieden, diese grausame Entführung der Straßenbahn durch Kurt Remscheid zugunsten der Stadt Graz auszuschlachten. Was das Zeug hielt. Am zweiten Tag der Entführung wurden am Joanneumring entlang der Straßenbahnlinie bereits Sitztribünen errichtet und gegen Entgelt vermietet. Ein Imbisswagen war auch herangekarrt worden. Souvenirs wurden bereits angeboten, wie zum Beispiel der Nachbau des verbogenen Regenschirms, mit welchem Piri Hager auf Kurt Remscheid eindrosch. Ein oststeirischer Schokoladenhersteller produzierte bereits die Piri Hager Haselnussschokolade und Kurt Remscheid Trüffelwürfel. Der Grazer Uhrturm in Graz und in Seiersberg erblasste vor Neid ob dieser neuen Werbeträger für Graz. Man überlegte sogar, ob man den Uhrturm nicht verkaufen sollte oder dem Karli Schwarzemann für seinen Vorgarten anbieten sollte. Sarah Wiener wurde angeheuert, um für die Promis zu kochen.

Nachdem die Tribüne am Joanneumring fertiggestellt war, hatte man nun endlich ein würdiges Platzerl für all die angekündigten prominenten Gäste. So eine mediale Bühne, wie sie Albert Wirsch den Politikern anbot, wurde gerne angenommen. Der russische Präsident wurde vom Flughafen Graz (www.flughafen-graz.at) gemeinsam mit seiner Frau und dem französischen Präsidenten, auch mit Gemahlin, im Hubschrauber auf den Jakominiplatz geflogen. Dort wurden sie von der Frau Bürgermeisterin Mag.a Ida Marowitz herzlich empfangen. Herr Dr. techn. Hans Marowitz-Zumpferl war auch anwesend. Ein eher zurückhaltender schüchterner Mann. Ein Techniker bei der Andritz AG in führender Position, wie es sich halt für den Mann einer Bürgermeisterin eben gehört. Die Frau Bürgermeisterin empfing den russischen Präsidenten und dessen Frau herzlichst. Man busselte sich ab und drückte sich als sei man schon ewig miteinander befreundet. Der französische Präsident zickte ein wenig, weil er sich nicht gerne abdrücken ließ. Ida Marowitz, unsere Bürgermeisterin, kümmerte sich wenig um die Befindlichkeiten des französischen Staatsoberhauptes und nahm ihn gleich in den Schwitzkasten. Ob er wollte oder nicht, der französische Präsident konnte nicht aus. Zwei herzhafte Busserln mit Lippenstiftabdruck bekam er noch dazu geschenkt. Die Gemahlin des französischen Präsidenten wurde nicht so heftig gedrückt. Aufgrund des Größenunterschiedes von unserer lieben Frau Bürgermeisterin zur Frau Präsidentin hätte sie ihre Nase zu heftig in deren Dekolletee getunkt, hätte sie sie abgedrückt, darum beließ man es bei einem freundlichen Handshake. Herr Marowitz-Zumpferl beließ es auch bei einem Handshake. Er war halt nicht so wild wie seine Frau. Nach dieser herzlichen Begrüßung machte man sich zu Fuß auf den Weg zu den Tribünen. Die Straßenbahnen fuhren bereits im Kreis. Ein Regierungschef aus Nordafrika hatte bereits Platz genommen. Das italienische Staatsoberhaupt hatte sich mit zwei seiner Ministerinnen auf der Tribüne positioniert. Der nordamerikanische Staatsmann hatte gleich bei Bekanntwerden des Entführungsfalles seine Zeltstadt im Grazer Stadtpark errichten lassen.

Zurzeit beschäftigen sich drei Rechtsabteilungen der Stadt, zwei des Landes und vier vom Bund, ob das überhaupt geht, und wenn, wie lange es möglich sein darf, dort zu zelten, und ob man dafür eine Baubewilligung braucht, und ob man überhaupt ohne statisches Gutachten etwas aufstellen darf, und ob es überhaupt gestattet ist, im Stadtpark Kamele grasen zu lassen, und für wie viele Menschen die Zelte zugelassen sind, und ob man für ein Zelt überhaupt eine Bebaungsdichte rechnen muss, und wie hoch ein Zelt sein darf, wenn man es im Grazer Stadtpark aufstellt, und aus welchem

Material ein Zelt aus brandschutztechnischen Gründen zu bestehen hat, wenn es im Grazer Stadtpark aufgestellt wird, und welche sanitären Vorschriften eingehalten werden müssen, damit.....

Zwei Jahre lang waren die heimischen Behörden damit beschäftigt, zu klären, was notwendig ist oder gewesen wäre, damit eine Zeltstadt im Grazer Stadtpark errichtet werden hätte dürfen. Nach kurzer Zeit war die Tribüne mit Prominenten und Politikern aus aller Welt besetzt. Es fehlten nur noch der Präsident der Vereinigten Staaten von Amerika und Karli Schwarzemann, der ehemalige Gouverneur von Kalifornien. Der Präsident der Vereinigten Staaten von Amerika war bereits am Weg und sollte am Nachmittag eintreffen. Karli Schwarzemann teilte mit, dass er gerade mit dem Geschirrabwaschen beschäftigt sei. Wenn er damit fertig sei, habe er seiner Frau versprochen, dass er noch die Wäsche bügeln werde und danach gehe er noch Lebensmittel für das Wochenende einkaufen und dann sei er frei und werde nach Graz kommen. Karli Schwarzemann erklärte, dass Geschirrabwaschen und Hemdenbügeln ihm sehr gut täten, denn durch das jahrelange Bodyboildingtraining habe er seine Feinmotorik vernachlässigt. Und auch in der Zeit als Gouverneur habe er nie seine Feinmotorik trainieren können. Jetzt endlich helfen ihm Bügeln und Geschirrabwaschen dabei, feinere und genauere Bewegungen auszuüben als damals als Filmstar. Karli

Schwarzemann wird am Mittwoch Vormittag in Graz sein.

Hauptoberinspektor Klein rief Albert Wirsch alias Kurt Remscheid am Handy an, er möge auf Wunsch der internationalen Gäste und auf ausdrücklichen Wunsch der Frau Bürgermeisterin die Straßenbahn verlassen und zur Tribüne kommen. Albert Wirsch in der Maske von Kurt Remscheid bat darum, zehn Runden um den Radetzkyspitz kreisen zu dürfen, damit er sich ein wenig besser einspielen kann in der Zusammenarbeit mit den Geiselnehmerhelfern. Hauptoberinspektor Klein bat die Frau Bürgermeisterin um etwas Geduld und versicherte, dass Herr Kurt Remscheid, sobald er die neue Situation im Griff habe, den Ehrengästen zur Verfügung stünde. Nach ca. einer viertel Stunde hielt die Straßenbahn, und Albert Wirsch in der Rolle von Kurt Remscheid entstieg mit der umgeschnallten Neutronenverschiebungsbombe und eingesteckter Pistole der ersten Straßenbahngarnitur. Albert Wirsch trat vor die Ehrengäste und sagte in vierzehn Sprachen herzlich willkommen. “Danke, dass sie so großes Interesse für meine Arbeit zeigen.“ Zum Abschluss machte er noch eine tiefe Verbeugung vor allen Anwesenden, um ihnen seine Wertschätzung kundzutun. Danach trat er vor die Frau Bürgermeisterin und sagte: „Ich weiß, dass das was ich tue ein Grenzgang ist. Ich habe bei ihrem Vorgänger gewinselt. Ich habe gefleht, er möge dieses Projekt finanzieren. Ich hatte ihm versichert, ich werde Graz wieder in den Mittelpunkt allen medialen Interesses rücken." „Das brauchen wir nicht, für so was haben wir kein Geld. Verschwinden sie!" sagte die Bürgermeisterin. „Was hätte ich als Künstler tun sollen, Frau Bürgermeisterin?" Die Bürgermeisterin musste auch in ihrer Rolle bleiben. Da ja Albert Wirsch alias Kurt Remscheid ein Verbrecher vor dem Gesetz war, aber das Ganze vielleicht doch auch ein Aktionskunstwerk sein könnte, war man von beiden Seiten vorsichtig. Des Weiteren hatte man beiderseits keine Erfahrung wie man sich in solcher Situation zu verhalten habe. Man hielt gesunden Abstand. Kurt Remscheid hatte ja die Neutronenverschiebungsbombe umgeschnallt, von der keiner eigentlich wirklich wusste, ob sie nicht auch im inaktiven Zustand gesundheitsgefährlich sei, und zu viel Nähe zum Entführer könnte dem Ansehen der Politik doch schaden. So entschied Kurt Remscheid alias Albert Wirsch doch am Asphalt vor der Tribüne zu bleiben.

Die Bürgermeisterin schaute dem Entführer sehr streng in die Augen und flüsterte: „Ich kenne dich. Wir sind gemeinsam in den Kindergarten und in die Volksschule gegangen." Albert Wirsch antwortete: „Ich weiß. Hätte nicht gedacht, dass du mich trotz meiner Maske erkennst, wir müssen in unserer Rolle bleiben und weiterspielen. Mach ja keinen Fehler!" Die Bürgermeisterin: „Du kennst mich gut genug. Wir gehen auf einen Kaffee, wenn das alles vorbei ist. Ok?" „Ok.", sagte Albert Wirsch und zwinkerte mit seinem rechten Auge.

Die Frau Bürgermeisterin wieder in Ihrer Rolle: „Machen sie ihre Arbeit. Ich mache meine. Unsere Ehrengäste haben einige Fragen an sie. Bitte stehen sie zur Verfügung.“ Hauptoberinspektor Klein verließ die Tribüne und stellte sich neben Kurt Remscheid: „Ich kann ihnen jetzt nicht die Hand geben, ich muss den Gästen ein Gefühl von Sicherheit geben. Bitte befolgen sie alle meine Anweisungen. Schaffen sie das?“ „Ja, Herr Hauptoberinspektor, ich schaffe das. Ich bin kein Vollidiot. Ich bin Schauspieler, ich bin in meiner Rolle“, antwortete Albert Wirsch in der Rolle des Geiselnehmers. Hauptoberinspektor Klein: „Die beiden Herren und die Dame, welche jetzt zu uns stoßen, sind die Übersetzter für die Fragen, welche die internationalen Gäste ihnen nun stellen werden.“ Im Hintergrund warteten die drei Straßenbahngarnituren. „Ach ja,“ sagte Albert Wirsch in der Verkleidung als Kurt Remscheid zu Hauptoberinspektor Klein „Jetzt weiß ich wieder, warum wir auch angehalten haben, wir brauchen einen Kaffeeautomaten für jede Straßenbahngarnitur.“ „Mit der Aufstellfirma habe ich schon in der Früh telefoniert.“, bestätigt Hauptoberinspektor Klein. „Sie müssten schon am Weg sein. Lassen wir die Geiseln aussteigen, damit die Firma, sie wird in wenigen Minuten hier sein, die Kaffeautomaten montieren kann.“ Albert Wirsch in der Verkleidung von Kurt Remscheid wies über das

Walky-Talky die Geiselnehmerhelfer an, den Geiseln mitzuteilen, dass sie aussteigen sollen. „Bitte, liebe Geiselnehmerhelfer, teilen sie den Geiseln mit, dass sie sich gerne bei der Imbissbude einen Happen bestellen dürfen, und weisen sie darauf hin, dass das WC im Restaurant am Radetzkyspitz bereits zur Benützung zur Verfügung steht. Sagen sie den Geiseln auch, dass wir erst in ca. einer dreiviertel Stunde weiterfahren. Sie können sich frei am Gelände bewegen, werden aber gebeten sich innerhalb der Absperrung aufzuhalten. Zu ihrer eigenen Sicherheit. Danke!“

Man hörte die Stimmen der Geiselnehmerhelfer durch die Megafone krächzen. Die Geiseln entstiegen den Straßenbahngarnituren und verteilten sich im Gelände. Rund um den Radetzkyspitz. Da es keinerlei Regieanweisungen gab, mussten die mobilen Kamerateams immer sehr schnell reagieren und brauchten oft ein wenig Zeit um sich auf die immer wieder neuen Situationen einzustellen. Kamerateams und Fotografen hatten Position bezogen, also konnte es losgehen mit der Fragestunde. Der russische Präsident wollte gerade mit Albert Wirsch ins Gespräch kommen, da dröhnte auf einmal wilde Rock ´n Roll Musik über die Gäste hinweg. Am Radetzkyspitz hatte die Grazer Dreimannmodulrockband THE ROLLERS unter der musikalischen Leitung von Markus Hell Aufstellung genommen und röhrte und dröhnte ihre Musik. Das war mit Albert Wirsch in der Verkleidung als Kurt Remscheid nicht abgesprochen.

Zum Glück hatte er sein eigenes Megafon noch in der Hand. Er schaltete es ein und brüllte in Richtung Westen, dass man glauben gemacht wurde, mit seiner Stimme wird er nun alle umliegenden Häuser zum Einsturz bringen. „Markus Hell! Ich werde dich um deine gesamte Gage bringen, wenn du nicht sofort zum Spielen aufhörst. Wir hatten gestern am Telefon ausgemacht, dass du mit deinen Leuten von 14-16 Uhr spielen wirst. Ruuuuuuuuhe!“ Auf einmal war es sehr leise. Sogar die Vögel hatten aufgehört zu zwitschern. „So, Herr Staatsoberhaupt von Russland mit Frau Gemahlin, was möchten sie mir mitteilen? Der Übersetzer sagte, dass der russische Präsident und sein Land schon sehr lange mit solch einer Technologie arbeiten. Dieses Instrument sei aber viel größer und hat eine Uhr dabei und tickt die ganze Zeit. In Russland seien diese Neutronenverschiebungsgeräte so groß wie Einfamilienhäuser und mit der Abwärme werden ganze Städte geheizt. Man überlegt, den Ural einzuebnen. Vielleicht könnte man doch dieses kleine Ding einmal herborgen, damit man nicht so viel Energie dafür bräuchte. Das Ding am Gürtel von Albert Wirsch sei nicht das gestohlene Gerät. Das den Russen gestohlene Gerät sei doch mindestens so groß wie ein Auto. Wenn das alles hier vorbei ist, würde der Herr Präsident sich gerne das Gerät einfach zum Probieren ausborgen. „Gerne“, antwortet Albert Wirsch. „Ist nur eine Frage der Leihgebühr.“

„Herr Hauptoberinspektor Klein, haben sie ihren Laptop mit dabei, dann kann ich den Damen und Herren die Wirkung dieser Bombe zeigen.“, fragte Albert Wirsch Hauptoberinspektor Klein.

Hauptoberinspektor Klein flüsterte Frau Oberinspektorin Pirsch zu: „Bringen sie mir den großen Laptop, bitte.“ Frau Oberinspektor brachte den großen Laptop. „Bitte, Herr Hauptoberinspektor, halten sie den Laptop so, dass die Damen und Herren auf der Tribüne gut sehen können, welche Auswirkungen diese Bombe hat.“ Hauptoberinspektor Klein führt die von Albert Wirsch ausgehändigte CD in den Laptop ein, und der Demonstrationstrailer läuft ab. „Ah, oh, uih“, hört man aus den Kehlen der Ehrengäste. So etwas hatten sie noch nie gesehen. Eine Bombe, ein Instrument welches Berge verschwinden lassen kann. Der Regierungschef aus Nordafrika war begeistert und möchte unbedingt diese Bombe haben, denn auf sein Landhaus wirft ein Gebirgszug immer abends unmöglich lange Schatten. Die französische Präsitentinnengattin fragte, ob sich das Tragen einer solchen Bombe um die Hüfte negativ auf die Potenz eines Mannes auswirkt, denn dann darf er so etwas nicht erwerben. Der italienische Staatschef fragte, ob sich das Tragen einer solchen Bombe um die Hüfte positiv auf die Potenz des Mannes auswirkt, denn dann würde er sie immer tragen. Die Kamerateams filmten alles. Jede Frage, jedes Statement wurde über den ganzen Erdball übertragen. Jeder auf dem Planeten wusste nun, wo Graz liegt, jeder und jede wusste, dass Kurt Remscheid nun eine Neutronenverschiebungsbombe besitzt. Albert Wirsch war sehr erleichtert als die Fragestunde der Staatschefs beendet war. „Ich bedanke mich bei ihnen allen für ihr Interesse“, richtete er seine Botschaft an die Tribünengäste. „Ich muss nun zurück und mich um mein Unternehmen kümmern.“, drehte sich um und stieg wieder in die erste Straßenbahn ein. Über Walky-Talky teilte er den Geiselnehmerhelfern mit, dass die Reise weiter ginge, und man möge alle Geiseln auffordern, wieder in die Straßenbahnen einzusteigen. Albert Wirsch als Kurt Remscheid verkleidet setzte sich auf den ersten Sitz in der Straßenbahn und sagte zu sich gebetsmühlenartig: “In der Rolle bleiben, durchhalten, du schaffst es. Bleib in der Rolle. Du schaffst es.“ Dann schloss er seine Augen und erinnerte sich an die glücklichen Momente, welche er im Kindergarten und in der Volksschule mit Ida Marowitz erlebt hatte. Ida Marowitz war seine erste große Liebe. Schon im Kindergarten tanzte er mit ihr zum Lied von Hänsel und Gretel, und in der Volksschule war er neben ihr auf der Schulbank gesessen. „Wie unverdorben war mein damaliges Leben“, seufzte er, „wie stressfrei, was habe ich mir hier mit der Geschichte aufgehalst, und wie komme ich hier ungeschoren wieder raus?“.

Nachdem alle Geiseln wieder in die Straßenbahnen eingestiegen waren, setzte der Konvoi seine Reise wieder fort. Die Fragestunde mit den internationalen Gästen hatte viel länger gedauert, als angedacht und hatte den Geiselnehmer energetisch sehr mitgenommen. Zum Glück waren die Geiselnehmerhelfer da und entlasteten ihn nun in fast allen organisatorischen Angelegenheiten. Nach zwölf Runden des Straßenbahnkonvois um den Radetzkyspitz war es bereits wieder Mittag geworden. Aber für alle 450 Geiseln reichte die Sitzplatzkapazität des Restaurants am Radetzkyspitz nicht aus. Die Geiseln der ersten Straßenbahn mit dem Geiselnehmer wurden wieder im Restaurant am Radetzkyspitz köstlichst versorgt. Karl Pichlmaier kredenzte Erbsencremesuppe und als zweiten Gang Kümmelkarree mit aufgesetzten Kartoffeln. Die zweite Gruppe wurde im Chinarestaurant am Anfang der Radetzkystraße kulinarisch versorgt. Die eine Hälfte dieser Geiseln aß sich am Running Sushi satt und die andere wurde am All You Can Eat Buffet gesättigt. Die dritte Gruppe hielt mit der Straßenbahn vor der Konditorei Deutsch, Radetzkystraße 11. Man kochte Rahmsuppe mit gerösteter Schwarzbroteinlage und als Hauptgang Sauerkraut mit Blutwurst. Als Nachspeise gab es Topfenstrudel mit Vanillesoße.

Während die Geiseln zu Mittag tafelten, wurden die Kaffeeautomaten in den Straßenbahnen von den Mitarbeitern der Aufstellerfirma gewartet. Hauptoberinspektor Klein hatte wieder den Tisch am Fenster für zwei Personen reserviert und erwartete wieder den Geiselnehmer. Dieser traf pünktlich mit seinen Geiseln im Restaurant ein, ging kurz aufs WC und setzte sich an den Tisch zu Hauptoberinspektor Klein. „Den Vormittag mit den Politikern haben sie sehr gut hinter sich gebracht, alle Achtung Herr Kurt Remscheid." „Ein Prosit auf Kurt Remscheid!", brüllte Hauptoberinspektor Klein wieder in die Gruppe der Geiseln. „Ein Prosit auf Kurt Remscheid!", erwiderten die Geiseln.

Albert Wirsch war sauer, weil die Kunstfigur Kurt Remscheid enorme Popularität erlangte, und er als Albert Wirsch mehr oder minder unbekannt blieb. Diese Tatsache begann ihn zu ärgern und er dachte: „Es wäre doch besser gewesen als Albert Wirsch die Straßenbahn zu entführen", so einfach kam er aber nicht raus aus dieser Rolle. Er wollte den Kurt Remscheid nicht bis zum Schluss spielen. „Ich weiß nicht, wie lange ich dieses Theater noch durchhalten werde, Herr Hauptoberinspektor Klein. Es sind erst zwei Tage vergangen und ich glaube, es sei bereits ein Monat vorbei. Ich fühle mich leer. Einen Gangster im Film zu spielen ist um einiges einfacher, als wenn man live bewacht von echter Polizei und von echten Terroreinheiten den bedrohlichen Terroristen spielt, oder sogar lebt. Ich weiß nicht, wie lange ich das durchstehen werde, Herr Hauptoberinspektor Klein.", beschreibt Albert Wirsch als Albert Wirsch in der Maske von Kurt Remscheid seinen Zustand. „Herr Kurt Remscheid, wir haben das Spiel nicht angefangen. Sie haben eine Straßenbahn entführt, nicht wir. Wir machen unseren Job und beschützen die

Geiseln und auch sie, weil sie haben ja die Neutronenverschiebungsbombe umgeschnallt und eine Schusswaffe eingesteckt. Sie werden in diesem Spiel, in diesem Stück, sie werden in diesem Film sehr lange die Hauptrolle spielen. So viele Fernsehteams und Reporter waren noch nie in Graz gewesen, und so viele Einnahmen hat die Stadt noch nie in so kurzer Zeit gemacht. So viele internationale Gäste waren noch nie da gewesen. Innerhalb dieser zwei Tage hat sich alles in dieser Stadt verdoppelt. Die Nächtigungszahlen, die Restaurantbesuche, die Umsätze in den Kneipen, die Umsätze in den Geschäften. So viele Tickets für die öffentlichen Verkehrsmittel wurden noch nie gelöst. Der Grazer Flughafen war noch nie so stark frequentiert, wie seit dem Start ihrer Entführung. Alle Welt will nach Graz, um ganz nah am Geschehen zu sein. Herr Kurt Remscheid, so schnell kommen sie hier nicht raus. Bleiben sie in der Rolle, welche sie sich selbst geschaffen haben und halten sie sie durch. Auch im Sinne ihres verstorbenen Freundes, und im Sinne der Entwicklung des neuen Formates. Zeigen sie der Welt, was sie drauf haben. Zeigen sie allen, was in Graz möglich ist. Herr Kurt Remscheid, sie sind ein Genie. Jemand anderer wäre nicht in der Lage, dieses geniale Projekt durchzuziehen.“, ermuntert Hauptoberinspektor Klein Albert Wirsch in der Maske von Kurt Remscheid. Hauptoberinspektor Klein brüllt wieder zu den Geiseln: „Ein Prosit auf unser Genie, auf Kurt Remscheid!“ „Ein Prosit auf Kurt Remscheid!“, brüllen die Geiseln zurück und alle erheben ihr Glas. „Ihr sollt mich fürchten und Angst vor mir haben, ihr Idioten, das was hier geschieht widerspricht ja dem Drehbuch. Aber ihr verehrt mich wie einen Helden. Laut Drchbuch bin ich der Böse und ihr die Opfer.“, schreit Albert Wirsch in der Rolle von Kurt Remscheid zu den Entführten. „Lassen Sie doch der Sache ihre Eigendynamik, wer wird denn so steif sein, Herr Remscheid.“, schreit ihn Hauptoberinspektor Klein an. „Sie haben Recht, Herr Hauptoberinspektor Klein, der Kunst ihre Freiheit.“, brüllt Albert Wirsch zurück. „Der Kunst ihre Freiheit, liebe Entführte und Entführtinnen. Der Kunst ihre Freiheit. Ich nehme meine Rolle an. Ich bin euer Hero. Ein Prosit auf Kurt Remscheid, den Retter der Welt vor der unendlichen Bedrohung durch Verlangeweilung und mentale Verödung. Ich bin euer Hero. Ein Prosit auf Kurt Remscheid!“, brüllte er zu den Geiseln. „Ein Prosit auf Kurt Remscheid, unseren Heroe!“, brüllen die Geiseln mit erhobenem Glas zurück.

„Habt ihr alles im Kasten?“, fragt Hauptoberinspektor Klein in sein Walky-Talky.“ Der Kameramann zeigt mit seinem Daumen nach oben und grinst breit durch das Fenster des Restaurants. „Wir haben alle Dialoge zwischen ihnen und Kurt Remscheid aufgezeichnet. Da es sehr hell im Lokal ist, hatten wir mit der Lichtsituation keine Probleme. Das zweite Kamerateam filmte drinnen im Restaurant alles mit.“ Breit stellte sich der mehrfach mit Preisen ausgezeichnete Koch Karl Pichlmaier vor das sich im Restaurant befindende Kamerateam und bestand darauf, beim Zubereiten von dem von ihm kreierten Kümmelkarree gefilmt zu werden. „Sehen sie, Herr Remscheid, wir achten sehr darauf, dass alles dokumentiert wird und ihre Idee der Entwicklung eines neuen Formates auch umgesetzt wird. Albert Wirsch in der Rolle von Kurt Remscheid wirkte etwas irritiert. Vom Gangster und Antihero scheint die Figur des Kurt Remscheid nun zum Superstar zu mutieren. „War nicht so im Drehbuch geplant. Ist aber auch nicht schlecht.“, sagte Albert Wirsch zu sich. Vom steirischen Landeshauptmann bekam er eine SMS. Er möge die Steiermark bitte nicht mit der Neutronenverschiebungsbombe auslöschen, da seit seiner Entführung die Nächtigungszahlen in der gesamten Steiermark innerhalb eines Tages um ein Vielfaches gestiegen seien.

Albert Wirsch brauchte nicht mehr schauzuspielen. Er brauchte nur mehr anwesend zu sein, mehr war nicht zu tun und alles hatte sich bereits nach zwei Tagen eingespielt. „Schau ma, was passiert.“, sagte Albert Wirsch in der Rolle von Kurt Remscheid. „Schau ma, was passiert, Herr Remscheid“, antwortete Hauptoberinspektor Klein. „Ich muss wieder zurück zur Ehrentribüne und die Frau Bürgermeisterin am Laufenden halten. Ich wünsche einen erfolgreichen Nachmittag.“ Mit diesen Worten verließ Hauptoberinspektor Klein das Restaurant.

Albert Wirsch in der Rolle von Kurt Remscheid funkte mit seinem Walky-Talky: „Sehr geehrte Geiselnehmerhelfer, bitte teilen sie den Entführungsopfern mit, dass wir unsere Reise um den Radetzkyspitz fortsetzten. Ich ersuche um Disziplin, da am Nachmittag der Präsident von Amerika unserem Treiben beiwohnen wird. Ende der Durchsage."

„Wo sind eigentlich die Jungs und Mädels von der EU?", fragte sich Albert Wirsch berechtigt. „Alle kümmern sich um mich, aber wo sind die Leute von der EU? Bin ich denen wurscht?" Nachdem alle Geiselnahmeteilnehmer und -innen wieder ordnungsgemäß in den drei Straßenbahnen Platz genommen hatten, rief Albert Wirsch in der Rolle von Kurt Remscheid den Hauptoberinspektor Klein an. „Heans zua, Herr Hauptoberinspektor, aus aller Herren Länder kommen die Staatsoberhäupter, nur unseren Vertretern von der Europäischen Union sind wir gänzlich wurscht! Das kann es doch nicht sein. Vielleicht sollte ich mit meiner Neutronenverschiebungsbombe Brüssel oder Straßburg bedrohen, dann tun sich die vielleicht leichter." „Ich werde das so an die politischen Stellen weitergeben.", versicherte Hauptoberinspektor Klein. „Sobald ich Antwort habe, werde ich mich bei ihnen melden. Durchhalten und in der Rolle bleiben, Herr Kurt Remscheid!", versuchte Hauptoberinspektor Klein zu motivieren.

Zehn Runden kreiste der Straßenbahnkonvoi wieder um den Radetzkyspitz. „Mir ist übel. Halten sie an!“, befahl Albert Wirsch in der Rolle des Kurt Remscheid. Lassen sei mich aussteigen, ich muss aufs Klo.“ Albert Wirsch in der Rolle des Kurt Remscheid rannte in das Restaurant am Grazer Radetzkyspitz aufs WC. Das Herrenklo befand sich im Keller des Restaurants. Die Armaturen waren alle verchromt. Der Boden und die Wände waren schwarz verfliest. Albert Wirsch war alleine am WC. Er verriegelte die Tür mit einem Besen, welcher in der Ecke stand. Er stellte sich vor das Waschbecken und schaute sich an. Vorsichtig löste er die Gesichtsmaske ab. Endlich kam wieder er selbst zum Vorschein. „Endlich wieder ich sein.“, sagte er laut zu sich selbst. „Kurt Remscheid, du hattest deinen Spaß haben dürfen.“, erklärte er seinem Spiegelbild. Albert Wirsch zog sich bis auf die Unterwäsche aus. Die Kleidung von Kurt Remscheid legte er sorgfältig zusammen und legte sie auf die Kante des Waschbeckens. Dann öffnete er den Spülkasten an der Wand und nahm einen Sack heraus. In diesem Sack befand sich neue Kleidung. Die Kleidung von Albert Wirsch. Die zog er sich jetzt an. „Ich bin wieder Albert Wirsch“, freute er sich. Albert Wirsch schnallte sich die Neutronenverschiebungsbombe um und steckte sich die Schusswaffe in das Brustgeschirr, welches er über seinem Rollkragenpulli trug. Beinahe hätte er vergessen, die Perücke abzunehmen. „Oh“, sagte er zu sich „da sind ja schon ein paar Härchen nachgewachsen." Albert Wirsch hatte sich vor seiner Mission eine Glatze geschoren und innerhalb der letzten zwei Tage war schon ein wenig Haar auf seinem Haupt nachgewachsen. „Ach die Schuhe! Raus aus diesen schweren Böcken und rein in die Turnschuhe. Jetzt bin ich wirklich ein neuer Mensch." Albert Wirsch verließ als Albert Wirsch und in der Rolle des Albert Wirsch das WC und begab sich in das Restaurant. In seiner linken Hand hielt er die Schuhe und in der rechten die Kleidung, die Echthaarperücke und die Reste der Maske von Kurt Remscheid. Albert Wirsch nahm am Tisch, auf welchem er immer mit Hauptoberinspektor Klein zu Mittag aß, Platz. Er nahm das Handy aus der Jackentasche und rief Hauptoberinspektor Klein an, er möge ins Restaurant kommen. Nach fünf Minuten war dieser da und nahm am Tisch Platz. „Ach, so sehen sie also wirklich aus, Herr…?" „Sehr geehrter Herr Hauptoberinspektor Klein, ich wurde Zeuge eines schrecklichen Vorfalles. Ihr sehr geehrter Herr Entführer, Herr Kurt Remscheid, begab sich gerade auf den Lokus, als ich im Keller pinkeln war. Versehentlich verstelle er beim Runterziehen der Hose etwas an der Zeitautomatik und an seiner Neutronenverschiebungsbombe. „Bitte hilf mir!", flehte er. „In drei Minuten löst mich dieses Ding in nichts auf. Ich habe versehentlich den Selbstauflösemechanismus aktiviert, und dieser Befehl ist irreversibel. Ich bitte dich, führ du diese Mission weiter aus. Du bist sicher der Richtige dafür." Danach löste er sich am Lokus sitzend in nichts auf. Nur seine Kleidung, das Kopfhaar mit Kopfhaut, ein paar Fetzen seiner Gesichtshaut, die Schusswaffe und die Neutronenverschiebungsbombe sind übrig geblieben und beides besitze nun ich. Ich musste schnell handeln mit dem Umschnallen der Neutronenverschiebungsbombe. Wäre ich zu langsam gewesen, wäre die ganze Steiermark ein riesiger Krater." „Bitte geben sie mir die Kleidung, die Schuhe, die Haare und die Hautteile des Gesichtes von Kurt Remscheid. Ich werde sie der Abteilung für kriminaltechnische Untersuchung übergeben." Albert Wirsch übergab dem Herrn Hauptoberinspektor Klein die letzten Habseligkeiten von Kurt Remscheid. Hauptoberinspektor Klein rief mit seinem Handy Oberinspektorin Pirsch an, sie möge ins Restaurant kommen. Amanda Pirsch, eine ausgesprochen elegante junge Dame, so um die 28 Jahre alt, schulterlanges glattes braunes Haar, braune Augen, 180 cm groß, in einen beigen Staubmantel gehüllt, unter welchem sie einen dunkelbraunen Rollkragenpulli trug. Sie hatte eine blaue Jean und flache schwarze Schuhe an. „Guten Tag, Herr Hauptoberinspektor Klein." „Guten Tag, Frau Oberinspektorin." „Guten Tag, Herr?" „Albert Wirsch", stellte sich Albert Wirsch vor. „Liebe Frau Oberinspektorin, bitte nimm Platz. Herr Albert Wirsch wird die Entführung weiterbetreiben, da Herr Kurt Remscheid versehentlich den irreversiblen Selbszerstörungsmechanismus bei der Neutronenverschiebungsbombe ausgelöst hat und sich damit selbst zerstörte. Bitte halte du die Pressekonferenz ab, da ich für heute nach dieser Sitzung dienstfrei habe. Ach ja, Herr Remscheid hat sich vor seinem Ableben beschwert, dass sich niemand von der Europäischen Union für ihn und seine Arbeit interessiert.“, erklärte Hauptoberinspektor Klein Frau Oberinspektorin Pirsch die Situation. „Die gesamte EU-Kommission wird gemeinsam mit einundzwanzig EU-Abgeordneten am Nachmittag gleichzeitig mit dem Präsidenten der USA der Straßenbahnentführung beiwohnen. Bereiten sie sich auf einige komplizierte Fragen vor. So gegen 13.00 Uhr wird dies der Fall sein, Herr Albert Wirsch.“ Hauptoberinspektor Klein informierte noch über Walky-Talky die Geiselnehmerhelfer, dass Kurt Rem-schcid tödlich verunfallt sei, und Herr Albert Wirsch die Funktion oder Rolle des Geiselnehmers übernimmt. Die Geiselnehmerhelfer geben diese Information an die Geiseln weiter. Hauptoberinspektor Klein verlässt daraufhin, gemeinsam mit Oberinspektorin Amanda Pirsch, das Restaurant. Albert Wirsch begibt sich in die erste Straßenbahn des Konvois, welcher seit Kurt Remscheid ausgestiegen war angehalten hatte. „Sehr geehrte Damen und Herren! Mein Name ist Albert Wirsch und ich bin nun ihr neuer Entführer. Herr Remscheid ist am Klo des Restaurants tödlich verunglückt und hat mir aber kurz vor seinem Ableben diese Aufgabe übertragen. Bitte geraten sie nicht in Panik. Der Ablauf der Entführung wird so wie gehabt weiterbetrieben werden. Wie gesagt, mein Name ist Albert Wirsch und ich bin auch gelernter Schauspieler wie Kurt Remscheid. Ich habe bereits in mehreren Filmen Geiselnehmer gespielt, ich beherrsche auch diese Rolle. Wünsche allen noch einen geruhsamen Nachmittag. Herr Straßenbahnfahrer, bitte setzen sie die Fahrt fort." Und so kreisten die drei Straßenbahnen mit den drei Geiselnehmerhelfern und dem neuen Geiselnehmer wieder um den Radetzkyspitz von Graz.

Es war dreiviertel Drei, 14.45. Drei Personen, zwei Männer und eine Frau, standen vor dem China Restaurant auf den Geleisen. Die erste Person hielt einen Ausweis in die Höhe, um die Wichtigkeit ihrer Anwesenheit zu unterstreichen. „Anhalten!", befahl Albert Wirsch. „Tür aufmachen!" Albert Wirsch stieg nicht aus. Es ließ die drei Personen zur geöffneten Straßenbahntür kommen. „Was wollen Sie? In einer viertel Stunde kommt der Präsident von Amerika und eine EU-Delegation zu uns." „Das betrifft uns nicht, wir sind von der Arbeiterkammer Steiermark und wir müssen die Arbeitsbedingungen der Straßenbahnfahrer und der Geiselnehmerhelfer überprüfen. Lassen sie uns zusteigen!", befahl der Mann mit dem gezückten Ausweis und hielt diesen Albert Wirsch sehr bedrohlich entgegen. „Auf welcher rechtlichen Grundlage machen sie das, mein Herr?", fragte Albert Wirsch keck. „Aufgrund welcher rechtlichen Grundlage entführen sie die Straßenbahn?“, fragt der Mann mit dem hochgehaltenen Ausweis Albert Wirsch. „OK, eins zu null für sie, kommen sie rein.“ Die drei Kontrollore der Arbeiterkammer Steiermark steigen in je eine der Straßenbahnen ein. Anscheinend hatte man vergessen, Walter Brotbrösel, den Präsidenten der Arbeiterkammer, auf die Ehrentribüne einzuladen, und dies ist nun die Revanche dafür und eine Möglichkeit für die Arbeiterkammer Steiermark, günstig zu Namedropping zu kommen.

„Ich heiße Aksel Wohlauf, die anderen sind meine beiden Mitarbeiter Dr. Brumbrum und Frau Samantha Retro-Lust.“, stellte sich der wichtigste der drei vor. Die Straßenbahnen nahmen wieder Fahrt auf. Albert Wirsch gab über Walky-Talky den Geiselnehmerhelfern bekannt, dass Kontrollore der Arbeiterkammer Steiermark die Arbeitsbedingungen der Mitarbeiter an der Geiselnahme überprüften. Die drei Kontrollorgane der Arbeiterkammer Steiermark begannen mit ihrer Arbeit. Aufgrund der Auswertung der Fahrtenschreiber und der Befragung der beiden Straßenbahnfahrer und der Straßenbahnfahrerin stellte man fest, dass die Fahrer und die Fahrerin viel zu lange dem Stress der Entführung ausgesetzt waren. „Zwölf Stunden waren sie durchgehend im Einsatz. Das geht nicht. Alle sechs Stunden müssen die Straßenbahnfahrer abgelöst werden, und die Geiselnehmerstellvertreter alle vier Stunden.“, dies teilte Herr Aksel Wohlauf Herrn Albert Wirsch mit und verlies wieder die Straßenbahn. So taten es auch seine Mitarbeiter.

Albert Wirsch rief Frau Oberinspektorin Amanda Pirsch an und teilte ihr mit, was ihm die Kontrollorgane der Arbeiterkammer aufgetragen hatten. Amanda Pirsch nahm das Gesagte zur Kenntnis und leitete entsprechende Maßnahmen ein. In der Zwischenzeit war der Hubschrauber mit dem Präsidenten von Amerika am Jakominiplatz gelandet. Die Vertreter der EU waren mit der Bahn angereist und befanden sich gerade in der Straßenbahn vom Grazer Hauptbahnhof zum Jakominiplatz, und müssten jeden Moment eingetroffen sein. Die Frau Bürgermeisterin empfing bereits am Jakominiplatz den Präsidenten von Amerika mit seiner Gattin. Sie bat beide um ein wenig Geduld, da jeden Moment die EU–Vertreter mit der Tramway ankommen würden. Nach fünf Minuten entstiegen alle EU-Vertreter der Tramway und wurden von der Frau Bürgermeisterin herzlichst empfangen und freundeten sich mit dem Präsidenten von Amerika an. Die Frau Bürgermeisterin erklärte dem Präsidenten von Amerika, dass dies die Regierung der Europäischen Union sei und geleitete alle zur Ehrentribüne um dem aufregenden Spektakel der Straßenbahnentführung beizuwohnen.

Die seit Vormittag anwesenden Staatsoberhäupter waren noch immer anwesend, waren guter Laune und amüsierten sich vorzüglichst. Sie wurden kulinarisch von Sarah Wiener und von Karl Pichlmaier, dem Koch vom Restaurant am Radetzkyspitz, versorgt, und seit vierzehn Uhr spielten The Rollers, die weltbeste Dreimannmodulrockband aus Graz, auf. Die EU-Delegation und der Amerikanische Präsident nahmen auf der Ehrentribüne Platz. Der amerikanische Präsident wunderte sich, dass in der EU so viele Menschen ein Präsident sind, weil in Amerika gibt es nur einen Präsidenten. Und schon huschten die drei Straßenbahngarnituren an der Tribüne vorbei. Die Frau Bürgermeisterin stellte sich vor die Tribüne und griff ans Mikrofon. Es sei zu gefährlich, zurzeit die Straßenbahn anzuhalten, da der erste Entführer wegen eines unglücklichen Vorfalles verunfallte, und der neue Entführer Albert Wirsch sei zu wenig bekannt, als dass man ihn vor der EU-Delegation und dem Präsidenten von Amerika sprechen ließe. Aus Sicherheitsgründen, wie sie meinte. Und so fuhren die entführten Straßenbahngarnituren mehre Runden um den Radetzkyspitz, und der Präsident von Amerika und die EU-Delegation schauten zu, wie die drei Straßenbahnen mehrmals bei ihnen vorbeifuhren. Im Interview gab der Präsident der USA seiner Verwunderung Ausdruck, warum man nicht einfach den Straßenbahnen den Strom abzwicke und die Straßenbahnen stürmt und den Geiselnehmer festnimmt. Er verstehe so etwas nicht. „In USA wäre diese Veranstaltung in fünf Minuten beendet“, meinte er. Die Delegierten der EU bestätigten, dass Europa anders sei. „Wir haben Zeit. Wir Europäer zögern solche Ereignisse in die Länge, damit wir erforschen können, wie so eine neue Art der Geiselnahme und Filmproduktion verbessert werden kann, und jede solche Aktion ist natürlich auch eine Möglichkeit für viele Sicherheitskräfte ihre Fähigkeiten zu trainieren und zu verbessern. Europa ist eben anders. Auch der Werbewert für Graz, der Stadt mitten im Herzen Europas, ist nicht zu unterschätzen“, meinte ein EU-Delegierter.

Albert Wirsch, der neue Entführer, wurde von Frau Oberinspektorin Amanda Pirsch angehalten, aus Sicherheitsgründen die Straßenbahn nicht zu verlassen, solange der Präsident der USA sich auf der Ehrentribüne befindet. Und so umrundeten die Straßenbahnen den Radetzkyspitz bis es 18.00 Uhr geworden war, und der Präsident der USA blieb bis 18.00 Uhr.

Es gab bereits ein sehr nettes Rahenprogramm zur Entführung. Der Tae Kwon Do Klub Graz präsentierte sein Können. Nach den THE ROLLERS, der Rockband, blies die Eisenbahnerblaskapelle ihren Marsch. Frankowitschbrötchen wurden serviert und die Konditorei Deutsch verkaufte ihren Topfenstrudel mit Vanillesoße.

Da nun drei Straßenbahngarnituren mit Geiseln gefüllt waren, mussten für diese Nacht drei Mal so viele Schlafstätten organisiert werden. Zum Glück gab es in Graz noch viele sehr schöne Hotels. Im Hotel Weitzer, im Hotel Wiesler und im Hotel Daniel waren noch genug Schlafmöglichkeiten gegeben, und diese Hotels waren nicht weit von Straßenbahnhaltestellen entfernt. Somit war der Abend und die Nacht für die Geiseln gerettet. Zwölf Geiseln wollten nicht in Hotels untergebracht werden, sondern zu Hause nächtigen. Für diese Damen und Herren wurde eine Entschädigung von 70.- Euro ausgeschüttet. Piri Hager hatte in der Zwischenzeit Albert Wirsch angerufen, ob sie nicht auch bei der Geiselnahme mitspielen darf. Piri hatte Albert im Fernsehen gesehen. Albert Wirsch bestellte sie für 18.30 ins Palais Hotel Erzherzog Johann.

Für jedes Hotel wurde eine Band organisiert. Die Geiseln haben ein Recht auf Entspannung. Im Hotel Wiesler spielten the Bandits, im Hotel Weitzer the Loyers und im Hotel Daniel the Uptown Monotones. The Bandits und the Loyers waren reine Coverbands. Man wollte den Ohren der Geiseln Vertrautes anbieten. The Uptown Monotones spielten Eigenkompositionen und sehr eigenwillig interpretierte geschmackig arragierte Covers.

Im Palais Hotel Erzherzog Johann unterhielt wieder Rip Raskov im grünen Salon die Entführten und an der Hotelbar reiste Christian Masser mit seiner Klampfe bluesmäßig um die ganze Welt. Christian Masser ist an und für sich ein sehr ausgeglichener Charakter. Er hat große Freude am

Musizieren, doch wenn ihn etwas oder jemand nervt, kann es sein, dass er seine Körperlichkeit einsetzt, um die Ordnung wieder herzustellen. Und so musste es auch kommen. Schon am ersten Abend, es waren nur sehr wenige Gäste an der Bar, ging ihm ein stadtbekannter Undercoverpolizist mit seinem penetrant falschem Mitgesinge fürchterlich auf die Nerven. Am zweiten Abend war sehr viel Presse im Palais Hotel Erzherzog Johann anwesend, auch weil Piri Hagers Kommen angekündigt war. Christian Masser sang und spielte seine Blueshadern. Die Pressefotografen umringten ihn und blitzten, was das Zeug hielt. Durch dieses Blitzen sehr stark angelockt wurde dieser, vorhin beschriebene, stadtbekannte Undercoverpolizist, welcher sich immer näher und immer lauter falsch singend zum musizierenden Christian Masser hindrängte. Nach einer Stunde Gestört-Werdens platzte dem fast zwei Meter großen Christian Masser der Kragen. „Verschwinde oder ich dämpfe dich aus!“, brüllte Masser zum stadtbekannten Undercoverpolizisten. Dieser war schon ein wenig angetrunken und überhörte die lautstarke Warnung des Musikanten. Daraufhin krempelte der Herr Musikant seine Ärmel hoch und begann den stadtbekannten Undercoverpolizisten zu würgen, bis dessen Lippen sich blau färbten und selbiger in Ohnmacht verfiel. Zum Glück war Frau Oberinspektorin Pirsch anwesend und sprühte ein wenig Pfefferspray ins Äuglein von Herrn Masser, woraufhin selbigster den armen stadbekannten Undercoverpolizisten auf den Marmorboden fallen ließ und dieser sich seinen Kopf fürchterlich anhaute und, ob dieses Aufschlages, sofort wieder zu sich kam. Der gewürgte Polizist wurde von den im Hotel Bereitschaftsdienst versehenden Sanitätern erstversorgt und ins Krankenhaus gebracht. Frau Piri Hager kam aus dem Krankenhaus ins Hotel. Ein Blitzlichtgewitter der Reporter empfing sie. Gleichzeitig wurde der stadtbekannte Undercoverpolizist auf der Bahre an ihr vorbeigetragen. Ob des enormen Blitzlichgewitters richtete sich der angeschlagene Mann reflexartig auf, um ja mit auf dem Bild zu sein. Christian Masser wurde von Frau Oberinspektorin Pirsch festgenommen und aufs Revier gebracht. Dort wurde die ganze Geschichte niedergeschrieben und Christian Masser durfte wieder zurück ins Hotel, wo er seine musikalische Reise bluesig an der Hotelbar fortsetzte. Piri Hager besuchte Albert Wirsch in seiner Suite. „Liebe Piri, da ich nun Regisseur und Hauptdarsteller in diesem neuen Format bin, kann ich entscheiden, wie dieses Spiel weitergehen soll. Natürlich stelle ich mich gerne auf Sonderwünsche meiner Gäste ein. Was möchtest du trinken?“ „Einen Früchtetee bitte.“ Albert Wirsch bestellte über das Haustelefon einen Früchtetee für Piri und einen Pfefferminztee für sich. „Liebe Piri, in unserem Format fehlt noch die Liebeszene. Möchtest du die Geliebte des Geiselnehmers spielen?“ „Ich muss sie nicht spielen, ich kann sie auch sein.

Lieber Albert, ich muss dir ein Geständnis machen, du warst immer meine heimliche Liebe, aber durch die fürchterliche Kokserei hatte ich meine eigenen Sehnsüchte nicht mehr wahrgenommen." „Bei mir war es Liebe auf den ersten Blick, Piri. Ich wollte nur dich haben und sonst keine." „Was hindert uns dann noch? Lieber Albert!" „Was steht uns noch im Wege, liebste Piri?" „Der Pfefferminztee und der Früchtetee, lieber Albert. Jetzt haben wir drei Jahre gebraucht, bis wir endlich zu uns gefunden haben, da können wir diese zehn Minuten auch noch abwarten, bis der Tee kommt." Der Kellner klopft an die Tür. „Herein!", sagt Albert, der Kellner tritt ein und serviert den Tee. Beide genossen den Tee und schauten sich sehr verliebt dabei an. „Du mein Früchtetee", sagt sie zu ihm. „Du mein Pfefferminztee", entgegnet er. Da die Tees sehr heiß waren, dauerte es zwanzig Minuten, bis sie endlich ausgetrunken waren. Was dann weiter geschah, ist der Fantasie der Leser und Leserinnen übcrlassen. Wie das Liebesspiel zwischen zwei erwachsenen verschiedengeschlechtlichen Menschen abläuft, ist sicher jedem und jeder bekannt und kann in millionenfacher Weise im Internet auf Videoclips angesehen werden. Die beiden Frischverliebten liebten sich sehr intensiv und lange, bis sie beide im Himmelbett der Suite eng umschlungen einschliefen. Albert Wirsch und Piri Hager verliebten und liebten sich. Ein nicht sehr oft stattfindendes Ereignis. Lieben und Verlieben. „Hoffentlich sind in der Suite keine Kameras installiert", wünschte sich Albert Wirsch. Von dieser Szene tauchten bisher nirgendwo Bänder auf. Am nächsten Tag war erst der dritte Entführungstag, und die ganze Welt hatte bereits in Graz vorbeigeschaut. Einfach nur um dabei gewesen zu sein, waren sie alle hier.

Die Entführung einer Straßenbahn und die Bedrohung der Welt mit einer Neutronenverschiebungsbombe hatten Graz innerhalb von zwei Tagen zum Nabel der Welt gemacht. Albert Wirsch war sehr früh aufgewacht. Um vier Uhr war er bereits munter und schaltete den Fernseher ein. Auf Kanal eins erklärte man, wie eine Neutronenverschiebungsbombe funktioniert. Verschiedene Wissenschaftler aus aller Welt beschrieben, was es mit diesem Ding auf sich hatte, und was diese Bombe alles kann. Albert Wirsch war sehr erstaunt, was er da alles erfuhr über diese Bombe. Die Wissenschaftler wussten um einiges mehr als er. Obwohl die Neutronenverschiebungsbombe von ihm mitentwickelt worden war, wussten die Experten viel, viel mehr über dieses Ding zu berichten, als ihm zu diesem Instrument je eingefallen wäre.

Um sechs Uhr weckte Albert Wirsch Piri mit einem Kuss auf die Stirn. Nach der Morgentoilette begaben sich beide Händchen haltend in den Grünen Salon des Hotels zum Frühstücksbuffet. Um Punkt sieben Uhr stand eine Straßenbahn mit Geiselnehmerstellvertreter und Straßenbahnfahrer vor dem Palaishotel Erzherzog Johann. Die anderen Straßenbahnen holten die Geiseln vom Hotel Daniel, vom Hotel Weitzer und vom Hotel Wiesler ab und warteten in der Murgasse auf die Reise zum Radetzkyspitz. Die Bettler, welche ihr Geld für das Zuhause-Schlafen bekamen, eilten schnell zu ihrer Straßenbahn, um wieder dabei sein zu können bei der Reise um den Grazer Radetzkyspitz. Nachdem das Palaishotel Erzherzog Johann sich der Geiseln und des Geiselnehmers mit seiner neuen Geliebten entledigt hatte, und sich die wartende Straßenbahn mit den Geiseln, dem Geiselnehmer und seiner neuen hübschen Geliebten gefüllt hatte, fuhr die vor dem Palaishotel Erzherzog Johann wartende Straßenbahn los zum Radetzkyspitz. Die beiden in der Murgasse wartenden Straßenbahnen folgten auffällig.

„Liebe Piri, was glaubst du, was wird heute alles passieren? Am Nachmittag kommt ein Filmschauspieler und ehemaliger Gouverneur von Kalifornien unsere Rundreise beobachten. Alles andere wird der Zufall entscheiden. Ich muss den Hauptoberinspektor Klein anrufen.“ „Herr Hauptoberinspektor Klein, ich habe mir eine neue Geisel genommen, oder vielleicht hat sie mich entführt. Frau Piri Hager ist nun des Gangsters Braut und umkreist nun wie ein hübscher Satellit mit uns den Radetzkyspitz.“ „Lieber Herr Wirsch, es war der Wunsch oder Befehl von Kurt Remscheid, alles Wesentliche dieser Entführung filmisch aufzuzeichnen. Wir wissen bereits alles. Unsere Kameraleute haben bis in die tiefe Nacht hinein gearbeitet und unter großem persönlichen Einsatz vom Nebenhaus aus alles mit Restlichtverstärkerkameras aufgenommen. Sie haben eine ziemliche Ausdauer, mein Lieber. Alle Achtung!", erklärte der Herr Hauptoberinspektor und legte mit einem Schmunzeln auf. „Eigentlich auch nicht schlecht.", sagte Albert Wirsch zu Piri. „Wird's den Zuschauern wenigstens nicht fad. Sex sells. Was soll man machen? Als Geiselnehmer müsste ich wütend werden, ausrasten und mehrere Geiseln dafür misshandeln. Als Filmschauspieler muss ich sagen, das gehört zum Geschäft, und bei mit Restlichtverstärkerkameras aufgenommen Szenen sind nicht alle Details zu erkennen." Albert Wirsch freute sich, eine so hübsche Gangsterbraut für sein Projekt und für sich erobert zu haben. Piri Hager freute sich auch, den Hauptdarsteller dieser Entführung aufgerissen zu haben. Nach zehn Runden Fahrt um den Grazer Radetzkyspitz war es ihr schon ziemlich fad, und wie sie beim Blick aus dem Fenster der Straßenbahn feststellte, gab es eine Ehrentribüne, welche ihr Interesse hervorrief. „Du liebster Albert Wirsch, das mit der Gangsterbraut ist recht cool, aber da auf der Ehrentribüne würde es mir besser gefallen. Ich könnte ja, so wie in der Formel eins, die Geliebte des Piloten spielen und die Runden-zeiten von dort oben stoppen, die du beim Umrunden mit der Straßenbahn verbrauchst.", fragte Piri Hager. „Ich hätte dich lieber bei mir, aber wenn du möchtest, rufe ich den Hauptoberinspektor Klein an.“ Albert Wirsch griff zum Handy: „Lieber Herr Hauptoberinspektor, Frau Piri Hager möchte nicht die ganze Zeit mit mir mit der Straßenbahn mitfahren, gibt es eine Möglichkeit, dass sie von der Ehrentribüne aus das Geschehen mitverfolgt?“ „Ja!“, entgegnete Klein. "Aber erst um elf Uhr, wenn die Kaffeeautomaten gewechselt werden und sich die Geiselnehmerhelfer ablösen, dann wird Frau Oberinspektorin Amanda Pirsch Frau Piri Hager, begleitet von zwei Beamten, abholen und zur Ehrentribüne begleiten. Vorher ergibt es sehr wenig Sinn, da die meisten Gäste erst um 10.00 Uhr zuschauen kommen. Nur zu ihrer Information, lieber Herr Albert Wirsch, alle Staatsoberhäupter haben ihren Aufenthalt verlängert, weil ihnen Graz und ihre Geiselnahme so gut gefällt. Frau Piri Hagen wird einen guten Platz, bewacht von zwei meiner Beamten, bei den Staatsoberhäuptern auf der Ehrentribüne bekommen. Machen sie ihren Job gut, Herr Albert Wirsch. Die ganze Welt schaut ihnen zu.“ Albert Wirsch teilte Piri mit, dass um elf Uhr die Straßenbahn kurz anhält, und sie von Frau Oberinspektorin Amanda Pirsch mit zwei Beamten zur Ehrentribüne geleitet wird. „Danke Albert, du bist ein Schatz. Lass dich küssen!“ Albert Wirsch wurde von Piri fest gedrückt und bekam einen dicken herzhaften Kuss auf den Mund als Dankeschön.

In Erwartung der neuen Perspektive verging die Zeit für Piri in der Straßenbahn im Nu. „Ich werde zwischen all diesen wichtigen Leuten sitzen, zwischen allen Staatsoberhäuptern.“, freute sie sich. Um 11 Uhr hielten die Straßenbahnen an, und Piri Hager wurde von Frau Oberinspekorin Amanda Pirsch in Begleitung von zwei Polizeibeamten in Zivil zur Ehrentribüne eskortiert und nahm dort mitten zwischen den Staatsobehäuptern Platz. Links und rechts von ihr nahmen die beiden Polizeibeamten in Zivil Platz. Die Geiselnehmerhelfer wechselten sich ab. Die Steirische Arbeiterkammer erlaubte den Geiselnehmerhelfern ja nur 4 Stunden Einsatz für diese schwere Aufgabe.

Mittlerweile war auch ein Platzsprecher engagiert worden, welcher auch auf Englisch den anwesenden Gästen und Staatsoberhäuptern erklärte, was denn so geschehen war und was weiterhin geschehen wird. „In der ersten Straßenbahn, meine Damen und Herren, sehen sie den neuen Geiselnehmer direkt hinter dem Straßenbahnfahrer am ersten Sitzplatz. Er ist mit einer Schusswaffe und einer Neutronenverschiebungsbombe bewaffnet. Die Schusswaffe trägt er unter seinem Sakko.“ Albert Wirsch erhebt sich von seinem Platz und geht zur geöffneten Türe der Straßenbahn, um von der Ehrentribüne aus gesehen zu werden. Die Straßenbahn ist noch immer angehalten, da die Kaffeeautomaten für die Geiseln gewartet werden müssen. „Während dieser 20 Minuten ist es den Geiseln gestattet, die sich um den Grazer Radetzkyspitz befindlichen Lokalitäten aufzusuchen, die Toiletten zu benützen und eventuell einen schnellen Kaffee zu sich zu nehmen. Die Geiseln brauchen nicht zu zahlen, wird alles vom Veranstalter bezahlt. Mittlerweile hat der Magistrat der Stadt Graz die Kosten für die Geiselnahme und die Versorgung der Geiseln, Geiselnehmerhelfer und Straßenbahnfahrer übernommen.", erläutert der Platzsprecher. Die Frau Bürgermeisterin gibt dem Platzsprecher über die Lautsprecher ein Interview: „Das, was die Geiselnahme pro Tag kostet, bekommen wir über die Platzmieten von den Fernsehstationen vielfach herein. Diese Geiselnahme ist für die Politik eine sehr sensible Herausforderung. Doch bringt sie der Bevölkerung der Stadt Graz und dem Magistrat durch die vielen Gäste, welche nun nach Graz reisen, einen enormen Mehrwert. Um die vielen Gäste unterzubringen, haben wir ein ehemaliges Brauereiareal im Westen von Graz gemietet und dort eine improvisierte Hotelstadt mit Containern aufgebaut. Danach werden diese Container wieder entfernt und wir haben vor, auf diesem Areal den modernsten Erholungspark Europas zu errichten. Die Politik muss endlich aufhören, nur für geldgierige Lobbyisten da zu sein. Die Politik hat die Bewohner dieser Stadt zu vertreten und nicht die mittlerweile peinlich gewordener Investoren. Ich sehe mich als Vertreterin dieser neuen jungen politischen Haltung. Ich bin für die Bewohner dieser Stadt angetreten, und für die Verbesserung der Lebensqualität der Menschen, welche in dieser Stadt leben. Meine Damen und Herren, freuen sie sich auf die Neuerungen, für deren Umsetzung wir, ich und meine Mitarbciter, uns einsetzen.“ „Danke für dieses Interview, Frau Bürgermeisterin. Ich bin Hans Glatz und arbeite auch für Tele 344, und schauen wir wieder zu unserem Geiselnehmer Albert Wirsch.“ Der Platzsprecher verlässt mit seinem Funkmikrofon die Tribüne und begibt sich zur Straßenbahn mit dem Entführer, verfolgt von einem Kamerateam und drei Sicherheitsbeamten. „Herr Albert Wirsch, könnten sie bitte aus der Straßenbahn kommen, damit ich sie vor der Straßenbahn interviewen kann.“ Albert Wirsch steigt aus und tritt vor die Straßenbahn. „Guten Tag!“, sagt er ins Mikrofon. „Herr Wirsch, für unsere Gäste auf der Ehrentribüne und für die Seher hinter den Bildschirmen weltweit: Warum haben sie die Rolle nach dem Ableben von Kurt Remscheid übernommen?“ Albert Wirsch: „Kurt Remscheid war einer meiner besten Freunde, und diesen Wunsch darf man einem Sterbenden nicht ausschlagen, und Harald Wurscht war mein bester Freund. Gemeinsam mit Kurt Remscheid haben wir uns geschworen, sein letztes Drehbuch zu verfilmen. Da kein Geld von öffentlicher Hand für unser Projekt vorhanden war, griff Kurt Remscheid zu drastischen Mitteln. Das Ergebnis sehen sie. Und ich habe den Auftrag von Kurt Remscheid, dieses Unternehmen weiterzuführen.“ „Wie lange, glauben sie, werden sie noch um den

Radetzkyspitz fahren?". fragt der Reporter. „Bis genug Filmmaterial vorhanden ist, damit ein abendfüllender Film gemacht werden kann." „Herr Albert Wirsch", fragt der Reporter, „Wie geht es ihnen als bisher unbescholtener Mann in dieser Rolle als Verbrecher und Hauptdarsteller dieses neuen Formates?" Albert Wirsch entgegnet: "Ich mache meinen Job und darf mir keine Gedanken über die Konsequenzen machen. Ich habe einen Auftrag, eine Mission, und die erfülle ich. Sie sehen, alles hat eine Eigendynamik bekommen, welche vorher beim Start des Unternehmens nicht absehbar war. Hauptoberinspektor Klein hat mir vorhin mitgeteilt, dass es bereits eine Warteliste für Geiseln gibt, sollte eine Geisel abspringen wollen. Ca. 600 Personen möchten als Geisel mitmachen. Das Ganze war, glaube ich, vom Drehbuchautor nicht so angedacht, aber da hier ein neues Format entwickelt wird, gehen wir auf alle neu entstehenden Situationen ein und versuchen daraus neuen Filmstoff zu machen." „Danke, Herr Albert Wirsch.", beendet der Platzsprecher das Interview. Albert Wirsch begibt sich zurück in die Straßenbahn; die Geiseln, die neuen Geiselnehmerhelfer befinden sich bereits alle wieder in den Straßenbahnen, und so umrundet der Straßenbahnkonvoi wieder, wie bereits gewohnt, den Grazer Radetzkyspitz.

„Meine Damen und Herren auf der Tribüne und an den Bildschirmen zuhause", das war Albert Wirsch in der Rolle des Straßenbahnentführers.

„Fragen wir nun Frau Piri Hager, die Geliebte des Straßenbahnentführers.“ Der Platzsprecher begibt sich mit seinem Funkmikro auf die Tribüne zu Piri Hager. „Frau Hager, wie bewältigen sie die Tatsache, dass ihr neuer Geliebter ein Straßenbahnentführer ist?“ Piri entgegnet: „Der Albert kann so lieb und leidenschaftlich sein. Ich mag ihn. Ich kenne ihn ja schon seit 20 Jahren und ich glaube, er wird keinem ein Haar krümmen. Albert, ich bin so stolz auf dich.“ „Danke, Piri Hager!“ „Wen sehe ich hier, gerade vor zehn Minuten eingetroffen? Unseren Herrn Bundespräsidenten mit seiner Gemahlin. Guten Tag Frau Präsidentin. Guten Tag Herr Präsident. Wie mir mitgeteilt wurde, haben sie ihre Chinareise spontan abgebrochen, um hier dabei sein zu können und wie ich sehen kann, haben sie gleich das ganze chinesische Politbüro miteingeladen.“ Der Herr Präsident: „Es gibt Dinge, welche wichtiger sind als die Tagespolitik. Wenn ein Mensch etwas erfindet, und damit die ganze Welt in Schach hält, dann muss ich dabei sein und Beistand leisten. Da ich davon überzeugt bin, dass Albert Wirsch diese Mission zu einer friedlichen machen wird, gehe ich davon aus, dass sein Verhalten als tätige Reue von den Gerichten zu interpretieren sein wird, und die ganze Geschichte aufgrund des enormen Mehrwertes für Graz, für mein Land und für ganz Europa einen guten Ausgang nehmen wird. Ich bin gekommen, um zu unterstützen und zu helfen. Das ist meine Aufgabe. Mit der Entwicklung dieses

Formates wird Europa im Filmschaffen Hollywood überholen. Ein Pionierstaat würde es nicht schaffen, ein solches Format zu entwickeln. Das ist nur in Europa möglich." „Danke, Herr Bundespräsident."

Mittlerweile war es 12.00 Uhr geworden. Die Straßenbahnen hielten an und die Geiseln strömten zu den Restaurants und ins Café Deutsch. Im Restaurant am Radetzkyspitz gab es eine Gemüsesuppe und Paprikahenderl mit Duftreis. Im Chinarestaurant gab es Running Sushi und das All You Can Eat Buffet, und das Cafe Deutsch servierte zur Fleischstrudelsuppe einen Stefanienbraten. Der Stefanienbraten ist eigentlich eine Spezialität der Herzl Weinstube im Herzen der Stadt, aber aufgrund der großen Nachfrage nach dieser Speise wird sie in sehr vielen Grazer Gasthäusern angeboten. Der Stefanienbraten ist, wie anfangs im Buch beschrieben, ein Faschierter Braten mit Frankfurter Würstchen, Essiggurken und Karotten gespickt.

Über Karl Pichlmaier, den Chefkoch vom Restaurant am Radetzkyspitz, wurde eine eigene Sendung gebracht, in welcher er von nun an täglich die Menüzubereitung für die Geiseln, die Geiselnehmerhelfer, den Geiselnehmer und den Hauptoberinspektor Klein erklärte. Die Sendung wurde live ausgestrahlt. Somit war es den Hausfrauen und Männern zuhause an den Fernsehgeräten möglich, zeitgleich mit den Geiseln, den Geiselnehmerhelfern, dem Geiselnehmer und dem Herrn Hauptoberinspektor Klein das Menü einzunehmen. Selbstverständlich wurde am Vortag das Rezept bekannt gegeben, damit man rechtzeitig zu Beginn der Sendung die notwendigen Rohstoffe und Utensilien parat hatte. So wurden die von Karl Pichlmaier entwickelten Grazer Speisen weltweit mitgekocht und somit das Kochniveau der internationalen Hausmänner und Frauen auf die Ebene eines Spitzenrestaurants gehoben. In weit mehr als vierzig Ländern dieser Erde löste dies die mittlerweile in die Geschichte dieses Planeten als Worldgastrocrisis eingegangene dreimonatige Krise der schlampig kochenden Wirte aus. Weltweit war es für die schlampig kochenden Wirte notwendig, das Wissen und Können von Karl Pichlmaier vom Restaurant am Grazer Radetzkyspitz zu studieren. Die UNO gab nach einer Krisensitzung Mittel frei um Bücher und Lehrmittel mit Kochanleitungen von Karl Pichlmaier zu finanzieren. So war es möglich, dass die Gruppe der schlampig kochenden Wirte das Niveau der selbstkochenden Hausfrauen und Männer erreichte.

Alle Geheimnisse hatte Karl Pichlmaier vom Restaurant am Radetzkyspitz den Hausfrauen und Männern weltweit an den Fernsehschirmen zuhause nicht verraten. Diese Geheimnisse ließ er sich teuer von der zuständigen Abteilung der Vereinten Nationen abkaufen. Diese Geheimnisse wurden nur den schlampig kochenden Wirten anvertraut. Damit war die Welt der schlampig kochenden Wirte gerettet und sehr viele Hausfrauen und Hausmänner konnten zurück in die Gasthäuser gelockt werden.

Frau Oberinspektorin Amanda Pirsch hatte zwischen den beiden Sicherheitsbeamten in Zivil und Piri Hager Platz genommen. Das Essen wurde den Gästen auf die Ehrentribüne gebracht. Piri Hager bestellte sich ein Frankfurter Würstchen mit Senf und Krenn, eine Kaisersemmel und dazu ein Mineral. Frau Oberinspektorin Amanda Pirsch orderte ein Käsehotdog und ein Cola Light, der eine Beamte einen Hamburger und eine Schartner Bombe Orange und der andere ein halbes Grillhenderl und ein Red Bull Cola. „Lieben sie den Albert Wirsch wirklich, Frau Hager?“, wollte Amanda Pirsch wissen. „Ja, ich liebe ihn wirklich, er ist so süß, und seit ich vom Koksen weg bin, kann ich mich endlich auf jemanden einlassen und bin auch, so hoffe ich, auch in der Lage eine Beziehung zu halten. Bei Albert hat es in mir gefunkt. Er ist so verständnisvoll. Kurt Remscheid war ein Drüberfahrer und Ausnutzer, obwohl ihn alle so verehrt hatten. Ich bedaure trotzdem sein plötzliches Ableben. Er war ein Schuft, er kannte nur sich selbst. Ich kann mich nicht erinnern, dass er etwas aus Liebe für mich gemacht hätte, er hat mich immer nur verwendet. Wenn ich an den Sex mit ihm zurückdenke, so hatte er sich aus jetziger Sicht nur selbst befriedigt. Er hat mich nie wirklich geliebt. Er war immer nur er. Darum war er als Schauspieler gut, aber als Mensch schäbig. Beim Albert spüre ich, er liebt mich. Ich spüre, dass er sich bemüht um mich. Ich liebe ihn. Ich kenne ihn ja schon so lange. Und was spielt sich bei ihnen ab, Frau Oberinspektorin Pirsch?" „Ich habe Jus studiert und mich als Studentin in einen Medizinstudenten verliebt. Anfangs war alles toll. Wir verstanden uns prächtig, hatten die gleichen Interessen. Kino, Reisen, Sport, aber als wir beide mit dem Studium fertig waren und zu arbeiten begannen, veränderten wir uns. Sein Arztberuf verlangte andere Anwesenheiten als mein Job. Ich begann nach dem Gerichtsjahr bei der Polizei, und so hatten wir immer weniger Zeit füreinander bis wir uns nach zwei Jahren total auseinandergelebt hatten und trennten. Er lernte eine hübsche Kollegin kennen und verliebte sich in sie. Die haben jetzt zwei Kinder. Ich bin seither alleine geblieben. Habe auch keine Lust auf eine Beziehung. Ab und zu hatte ich eine Affäre, das war es aber schon. Zurzeit bin ich mit meinem Job verheiratet, das lenkt mich ein wenig ab. Familie und mein Job wären sehr schlecht unter einen Hut zu bringen. Ich brauche doch noch ein wenig Zeit um mich wieder auf jemanden einlassen zu können. Mögen tu ich sie schon, die Männer, aber im Augenblick bin ich zu keiner Beziehung bereit. Da haben sie wirklich Glück gehabt mit ihrem Albert, liebe Piri, dass sie sich beide genau zum richtigen Zeitpunkt getroffen haben."

In der Zwischenzeit hatte ein Kamerateam eine pensionierte Volksschullehrerin ausfindig gemacht, eigentlich drängte sie sich vor die laufende Kamera. „Diese Straßenbahnen, welche entführt wurden, fahren nicht um den Grazer Radetzkyspitz, sondern um den Radetzkystumpf. Der Radetzkyspitz befindet sich in der Verlängerung der beiden Häuserfluchten. Dort, wo sich der Park befindet, am unteren Ende, das ist der Spitz.“, erklärte die rüstige Dame. „Das war Frau, wie ist ihr werter Name?“, fragte der Reporter. „Ich heiße Frau Hauptvolksschullehrerin Heidelinde Quietsch“, antwortete die Dame. „Das war Frau Heidelinde Quietsch mit ihrer Erläuterung, wo sich der Radetzkyspitz exakt befindet. Unserer Definition nach beginnt er an der Rückwand des Restaurants und endet am Ende des kleinen Parks vor dem Restaurant. Wir bleiben aber dabei zu sagen, dass die entführten Straßenbahnen um den Grazer Radetzkyspitz fahren.“

Albert Wirsch und Hauptoberinspektor Klein haben in der Zwischenzeit am Tisch neben dem Fenster mit Blick hinunter zur Spitze des Radetzkyspitzes Platz genommen. „Die Gemüsesuppe mundete beiden. „Herr Wirsch“, fragte Hauptoberinspektor Klein den neuen Geiselnehmer. „Was hat es mit dieser Neutronenverschiebungsbombe eigentlich auf sich? Woher kommt die und wer hat sie erfunden?“ Albert Wirsch: „Ein Physikstudent kiffte des Öfteren mit Harald Wurst und erzählte ihm von einem Vorfall, als er alleine an einem

Wochenende im Labor war. Der Student hatte ein bestimmtes Material auf dem Objektträger seines Mikroskopes untersucht und diese Materie mit einer genau bestimmten Frequenz einer Strahlung beschossen, und auf einmal war das ganze Mikroskop verschwunden. Es hatte sich aufgelöst. Er probierte das gleich nochmals ohne Mikroskop, legte das zu bestrahlende Material auf einen kleinen Tisch. Und auch dieser löste sich auf. Da er dem Harald Wurst davon erzählte, wurde der Regisseur neugierig und fragte, ob es nicht möglich wäre, größere Dinge verschwinden zu lassen. Vor allem für das Filmgeschäft wäre dies interessant, weil man mit dieser Methode neue Effekte für den Film umsetzten könnte. Und so wurde gleich eine größere Menge Materie in einem Berg bestrahlt, und dieser Berg war verschwunden. 100 Meter hoch war dieser Berg. Kurt Remscheid hat ihnen eh dieses Video gezeigt und sicher auch allen Menschen auf der Ehrentribüne. Aufgrund dieses Wissens war es möglich, diese Neutronenverschiebungsbombe, welche ich an meinem Gürtel trage, zu bauen." Albert Wirsch hebt sein Sakko und bringt den Holzkasten mit den verschiedenen Schaltknöpfen, welcher an seiner Hüfte hängt, zum Vorschein." „Gibt es mehrere solcher Neutronenverschiebungsbomben?", will der Herr Hauptoberinspektor wissen. „Nein.", entgegnet Albert Wirsch. „Der Student hat sich bei seinen Experimenten leider selbst aufgelöst, genau so wie Kurt Remscheid. Daher war es nicht möglich, weitere Neutronenverschiebungsbomben zu bauen. Die Zeit vergeht so schnell, ich muss wieder zurück in die Straßenbahn, die Geiseln und die Geiselnehmerhelfer warten schon, und die Straßenbahnfahrer wurden von neuen Kollegen und Kolleginnen abgelöst. Herr Hauptoberkommissar, ich muss meinem Job weiter nachgehen. Ich wünsche noch einen schönen Tag, Herr Hauptoberkommissar.“, sagte Herr Albert Wirsch und flitzte zu seiner Straßenbahn. Hauptoberinspektor Klein blieb noch ein klein wenig im Restaurant sitzen um seinen Macchiato zu genießen. Er machte sich noch einige Notizen in sein Notizheft und verließ das Lokal in Richtung Ehrentribüne um der Frau Bürgermeisterin zu berichten.

Um 14.00 Uhr traf der Filmschauspieler und ehemalige Gouverneur von Kalifornien, Karli Schwarzemann (negger darf man in Österreich nicht sagen), am Jakominiplatz mit dem Weisswursthelikopter (www.weisswurstjet.com) ein. Der steirische Landeshauptmann erwartete ihn schon. „Seawas Loundeshauptmaunn!“, sprudelte es aus dem Mund von Karli Schwarzemann. „Grüss dich mein Freund“, erwiderte der Gouverneur der Steiermark. „Komm mit! Gleich da hinten findet die Entführung der Straßenbahn statt.“ Beim Anblick der Straßenbahn kommentierte Karli Schwarzemann: “Dies san jo gounz neige Garnituren, do deaf die Polizei net drauf schiassn, wall daun weans hin, die Stroßenbauhngarniturn.“ Der Gouverneur der Steiermark, ein kräftiger

Bursche und ehemaliger Spitzensportler, darauf: „Wir lassen den Entführer machen, wie er es will, das ist nämlich ein Kreativer, ein Schauspieler so wie du. Auf den schießen wir auch nicht, weil dann wäre er auch hin, und dass wollen wir nicht. Siehst du diese Ehrentribüne dort? Dort müssen wir hin. Von dort hat man die beste Aussicht auf die Entführung der Straßenbahn.“ „Jo do is jo die Piri Hager. Zu dea seitz i mi zuwi.“, freute sich Karli Schwarzemann „Seawas Piri, i bin da Karli Schwarzemann. I keinn di ausn Fernsehn. Du host dein Kurtl Reimscheid vadrouschn mitn Reignschiam. Du bist owa a gounz Temparamentvulle. I hob owa ka Aungst vur dir, wal i kein die wüldn Steiraweiwa. Ruck a Stickl umi wal i wül neim dia sitzn. Du Loundeshauptmann seitz di a zuwa, zua da feschn Polizistin.“ Der Herr Landeshauptmann nimmt neben Oberinspektorin Amanda Pirsch Platz, und Karli Schwarzemann setzt sich zu Piri Hager. „Darf ich da einmal hingreifen?“, fragt Piri Hager den Karli Schwarzemann. „Das ist aber gross und fest, ist das immer so?“ „Jo!“, entgegnet Karli Schwarzemann. „I trainier nou immer jedn Tog mit die Hantln damit dies olles feist und steif bleibt.“ „Großartig, ich habe alle deine Filme gesehen, Karli. Am besten hast du mir gefallen in dem Streifen „Mit dem Wettex um die Welt“. Die Szene werde ich nie vergessen, wie du mit dem stinkenden und faulenden Wettex die Einbrecher aus der Küche verjagst, einfach indem du ihnen das stinkende Wettex vor die Nase hältst, oder der andere Film „Rohnen für die Barbaren“. In Deutschland hieß der Film „Rote Beete unter den Tartaren“, wo du eine rohe Rohnenrübe mit der bloßen Faust zerquetscht hast, und sich alle Barbaren vor dir fürchten und dich dann zu ihrem König wählen? Uh, Karli, du bist der größte Schauspieler für mich.“, stöhnte Piri Hager. Karli Schwarzemann: „Owa im Fernsehen hob i gsegn, dass du mitn Hauptdoastölla von deim Fülm zauman bist.“ Piri: „Ja, den Albert Wirsch liebe ich, aber ich muss betonen, dass wir im Filmgeschäft sind, und da gelten eigene Regeln.“ Karli Schwarzemann: „Wüllst bei mia in an Fülm mitspülln, do kriagst mea Göld als ba die do, i hätt scha a Rulln fia di.“ „Wirklich Karli“, stöhnte Piri. „Du brauchst nua mit mia mitkumman unter die Tribüne, wou uns kana sicht, daun kriagst von mia a Rulln in an Fülm von mia. Kumm gemma.“ Karli Schwarzemann fasste Piri am Arm und beide verschwanden unter der Tribüne. Hier gab es eine Stelle, welche von keiner Seite aus einsichtig war. Beide setzten sich auf eine Querverstrebung. „Do schau her, i zag da wos.“, sagte Schwarzemann. „Das ist aber klein und jetzt wird es auf einmal so groß.“, rief Piri Hager begeistert, als ihr Karli Schwarzemann seinen Faltlaptop präsentierte. „Do schau her, dies is mei neiche Webpräsenz, gaunz in 3D. Olle Fülme san do drauf beschriem und von an jedn Fülm gibt’s an kurzn Trailer. Do und dies san die nächsten zwa Fülme wölche i mochn wüll. Und fia olle zwa brauch i nou a fesche Puppm und die warast daun du. Meichast dies mochn?" „Ja lieber Karli Schwarzemann, für dich mache ich alles, alles was du willst.", himmelte Piri ihn an. „Do in Vartrog hob i scho mit, is scha olles ausgfüllt, brauchst nua unterschreim." Piri Hager las die beiden Filmverträge oberflächlich durch und unterschrieb sie. „Guat!", sagte Karli Schwarzemann. „Jetzt miass ma owa wieda zruck, wal sunst glaum die leut mia san budan gaungan." Wohl verrichteter Dinge nahmen beide wieder auf der Tribüne Platz und folgten dem Verlauf der Entführung. „Da schau, Karli, da unten, das ist der Albert Wirsch, der berühmte Geiselnehmer und Filmschauspieler. Huhu! Albert!" Piri Hager winkt ihm zu, Albert winkt zurück. „Ich muss ihn gleich anrufen! Hallo Albert, ich habe von Karli Schwarzemann zwei Rollen in seinem neuen Film bekommen." Albert Wirsch: „Toll, gratuliere, dann hat er endlich einmal eine besonders hübsche Schauspielerin an seiner Seite. Lass ihn schön grüßen von mir. Ciao!", und er legte auf.

Zufrieden und in sich ruhend sitzt nun Piri Hager neben Karli Schwarzemann und dem Herrn Landeshauptmann auf der Tribüne. Karli Schwarzemann ist auch sehr zufrieden, weil er eine sehr berühmte und besonders hübsche Schauspielerin für seine nächsten Filme engagieren konnte.

Die Geschichte, welche sich zwischen Karli Schwarzemann und Piri Hager unter der Tribüne abspielt hat, war eine ganz andere. Die oben beschriebene war die Version, wie sie Frau Piri Hager und Karli Schwarzemann erzählten, und den Reportern und Biografen kundtaten. Da die Grazer Polizei an jeder Ecke und in jedem Winkel am Grazer Radetzkyspitz automatische Kameras montiert hatte, gab es auch Aufnahmen von Piri Hager mit Karli Schwarzemann unter der Tribüne. Und dort ging ordentlich was ab. Zuerst zeigte Karli Schwarzemann Piri Hager die Websites für seine neuen Filme und dann zogen sich beide genüsslich eine Straße Koks in ihre Näschen, um dann ausführlichst miteinander zu ficken. Wegen der automatischen Kameras, welche sich unter der Tribüne befanden, konnten sich die Polizisten und Polizistinnen an den Beobachtungsbildschirmen ein sehr gutes Bild von den anatomischen Details eines ehemaligen Bodybuilders machen. Es kostete seinem ehemaligen Mentor Rudi Gerstenmann wieder einmal schr viel Geld, damit dieses Material nicht veröffentlicht wird.

Albert Wirsch spürte, dass da irgendetwas nicht stimmte. Warum sollte Karli Schwarzemann Piri Hager eine Rolle einfach so zukommen lassen? Ohne Gegenleistung? Warum? Albert war zu erschöpft, um zu reagieren. Er schlief noch in der Straßenbahn ein.

Er träumte, er lebte in einem Haus ganz aus Glas. Die Wände waren aus Glas, die Fenster aus Glas. Sogar der Fußboden war aus Glas. Jeder konnte jeden sehen. Im Traum war Piri Hager seine Ehefrau geworden. Sie hatten zwei Kinder miteinander, einen Sohn und eine Tochter. Die Tochter war schwarzhaarig, fünf Jahre alt und pummelig. Sie spielte mit ihrer Puppe im Freien in der Wiese vor dem Haus, kämmte sie und zog sie an. Da das ganze Haus aus Glas war, konnte er seine Familie von überall aus sehen. Der gemeinsame Sohn ging bereits zur Schule. Er war acht Jahre alt. Er fuhr mit einem Kinderelektroauto durch die Wiese. Das Grundstück rund um das Haus war sehr groß, und an das Grundstück grenzte ein großer Mischwald. Im Traum war es Sommerbeginn. Alles blühte, alles duftete. Piri stand in der Küche und kochte für die Familie das Mittagessen. In Alberts Traum wehte ein lauer Wind durch das Haus ganz aus Glas.

Als er aufwachte, lag er im Palais Hotel Erzherzog Johann in seiner Suite. Es war bereits der nächste Tag. Piri war mit Karli Schwarzemann in die Staaten abgereist, um mit ihm zu filmen. Albert ahnte, dass Piri ihn verlassen hatte. Piri war nie in der Lage gewesen, sich auf irgendjemanden einzulassen. Sie war zwar eine Zeit lang vom Gift weg gewesen, aber diese Nüchternheit wollte sie doch nicht ertragen. Für sie war das ganze Leben ein Film, und ihren Film ließ sie sich von niemandem zerstören, auch wenn sie mit ihrer Haltung bei anderen genug zerstörte. Ihr Film musste gespielt werden, und wenn sie sich genug Pulver durch die Nase gezogen hatte, stimmte ihr Film wieder für sie.

Für vier Drehtage funktionierte die Zusammenarbeit mit Karli Schwarzemann in den USA. Danach begann der stressige Teil für den Regisseur. Durch die sehr intensive Einnahme von Koks wurde Piri Hager immer aggressiver und dominanter. Sie hinterfragte jede Szene. Hinterfragte jede Anordnung des Regisseurs und stellte eigentlich das ganze Drehbuch infrage. Das Ganze ging so weit, dass der Regisseur, der weltweit erfolgreichste zu diesem Zeitpunkt, sich bereits am fünften Drehtag weigerte mit Piri Hager weiter zu arbeiten.

Da die Produktion sehr kostspielig war, und der ganze Film auf Piri Hager in der Hauptrolle zugeschnitten war, konnte man Piri Hager nicht feuern. Die Hälfte der Gage hatte sie auch bereits ausbezahlt bekommen. Daher war es ihr auch möglich, sich das teuerste und beste Pulver für die Nase zu besorgen.

Die Produktionsfirma half sich in der Weise, dass sie einen eigenen Drehort für Piri Hager einrichtete. An diesem Drehort wurde so getan als drehte man mit ihr. Um sie zu beruhigen und ihr das Gefühl zu geben, sie spiele in diesem Film mit. In Wirklichkeit fand man sehr schnell ein Doubel, welches die Piri Hager zugedachte Filmrolle spielte. Piri dröhnte sich jeden Tag ordentlich mit dem teuren Pulver zu und bemerkte sehr zur Zufriedenheit der Produktionsfirma nicht, dass sie am Abstellgleis stand. Allerdings explodierten die Produktionskosten wegen diese enormen Aufwandes derart, dass die Produktionsfirma Pleite ging. Eine Nachfolgefirma beendete das Projekt. Doch leider oder zum Glück hatte Piri einige lichte Momente und überlauerte, dass sie verarscht wurde, klagte die Filmfirma und bekam Recht. Der Film mit Piri Hager durfte nie aufgeführt werden, und obendrein musste an Piri das doppelte Filmhonorar ausbezahlt werden.

Piri war amerikanische Staatsbürgerin geworden und ließ sich, wie es sich für eine wohlhabende Amerikanerin gehörte, die Brüste vergrößern, zwei Rippen herausnehmen, das Gesicht liften und ordentlich mit Botox hinterspritzen und alle Zähne, auch die gesunden, überkronen. Ach ja, die Fettabsaugung und die Nasenoperation haben wir vergessen. Böse Zungen behaupten: Piri Hager war mitverantwortlich für den Untergang Hollywoods und den Zusammenbruch der nordamerikanischen Filmwirtschaft.

Nach dem Fiasko mit Piri Hager zog Karli Schwarzemann mit seiner Familie zurück nach Europa, da man ihn in den USA nicht mehr haben wollte. In Europa bekam er Asyl und verdiente sein täglich Brot als Darsteller von Knechten, Skiliftwarten und Straßenpolizisten in europäischen Heimatfilmen.

Albert Wirsch war aufgewacht. Piri Hager war verschwunden. Albert war sauer. In diesem Augenblick hasste er alle Frauen stellvertretend für das, was ihm Piri Hager angetan hatte. Piri war wie eine Droge. Sie hatte ihn glauben gemacht, er hätte das Glück seines Lebens gefunden, und dann war sie weg. Auf einmal war sie verschwunden. Fort. Und Albert war mit allen seinen Träumen und Sehnsüchten und Freuden und Plänen alleingelassen. So war Piri. Sie kannte nur sich, das Pulver und das Geld. Sie instrumentalisierte die Männer, machte sie glauben, sie liebe sie. Damit ergaunerte sie sich ein wenig Selbstwert und genoss das Gefühl, Macht über die Männer zu haben. Wenn sie es schaffte, einen Mann ins Bett zu bekommen, war das mit seiner Entwertung gleichzusetzten. Für Piri war nur das Aufreißen eines Mannes spannend. Wenn sie ihn hatte, war er ein Arsch für sie. Dann spielte sie mit ihm so lange, bis er nicht mehr konnte, bis er finanziell oder seelisch ruiniert war. Dann hatte sie gesiegt, dann hatte sie wieder einen Feind erledigt. Warum sie so war und warum sie so agierte, das sei dahingestellt. Sie fühlte oder verkaufte sich immer als Opfer. Sie war die Arme. Sie hasste die Männer. Sie verwendete ihren hübschen Körper nur dazu, um Männer fertigzumachen. Aber sie wurde älter und ihre Anziehungskraft auf die Männer ließ nach. Zum Glück war sie in die USA ausgewandert. In den USA war man mittlerweile durch Gewebenachzüchtungen in der Lage, mittels Hauttransplantationen die Männer und Frauen so zu operieren, dass sie das Aussehen von Zwanzigjährigen hatten. Dies kam Piri zugute und so konnte sie ihren Feldzug gegen die Männer weiter fortführen. Wegen ihres gekauften jugendlichen Aussehens konnte sie nun auch ganz junge Männer in ihren Bann ziehen und in den Wahnsinn treiben.

Der Platz neben dem frisch aufgewachten Albert Wirsch war noch immer leer. Eigentlich sollte er froh sein, dass Piri Hager mit Karli Schwarzemann durchgebrannt war, hatte Piri Hager ihm doch alles nur vorgespielt. Albert war wütend. Warum war er auf sie hereingefallen. Alle hatten sie ihn gewarnt. Alle wussten, wie eine Affäre mit Piri ausgeht. Alle. Jetzt wusste es auch Albert und durfte es am eigenen Leib erfahren. Piri liebte nur den Erfolg, der Mann dazu war Nebensache, der wurde immer gegen einen scheinbar erfolgreicheren ausgetauscht. Eigentlich war es ein großes Glück für Albert, dass er Piri verloren hatte. Da jeder Mann, welcher es geschafft hatte mit Piri länger zusammenzubleiben, entweder sein Vermögen oder seinen Verstand verlor, war es ein Glück, dass Piri mit Kali Schwarzemann durchgebrannt war.

Albert Wirsch schaltete das Fernsehgerät mit der Fernbedienung ein und ließ sich bei den Morgennachrichten wieder einmal von den Experten erklären, wie eine solche Neutronenverschiebungsbombe denn eigentlich funktioniere. Er staunte, was er da für Neuigkeiten darüber erfahren durfte, über die Neutronenverschiebungsbombe. Auf allen Kanälen weltweit wurde über die Entführung der Straßenbahnen in Graz berichtet. Graz war das mediale Zentrum der uns bekannten Welt geworden. Und das alles mit einem sehr geringen Budget.

Man hatte Albert aus Sicherheitsgründen mit der vollen Bekleidung ins Bett gelegt. Nur die Schuhe hatte man ihm ausgezogen. Zu groß war die Angst, es könnte etwas Unvorhergesehenes geschehen. Hatte er doch die Neutronenverschiebungsbombe umgeschnallt.

In den Tageszeitungen konnte er nochmals als Bestätigung nachlesen, mit wem Piri Hager durchgebrannt war. Mittlerweile dachte er, Piri Hager sei sowieso keine reale Person, sondern nur ein animiertes Hologramm. Da Piri immer dorthin rannte, wo sie das meiste Geld vermutete, hatte sie sich diesmal fürchterlich getäuscht. Eigentlich interessierte sich niemand mehr für Hollywood. Gab es doch genug Wälder in Europa. In der Steiermark wurden bereits genug Filme über Wälder gedreht. Ein Film über den Wald im steirischen Gesäuse, ein Film über den Rotwald in der nördlichen Steiermark. Wozu Hollywood? Wer braucht noch Hollywood? Es gibt Bollywood, es gibt Nollywood. Und jetzt gibt es seit Albert Wirsch auch Grazywood, eingebettet in Eurywood, und Albert Wirsch ist mit der Entwicklung des neuen

Filmformates Realityshow und Filmprojekt das schier Unmögliche gelungen. Mit einem Nullbudget einen Welterfolg zu landen, bevor der Film überhaupt fertiggestellt war!

Albert Wirsch kontrollierte sein Bankkonto auf seinem Laptop in seiner Suite im Palaishotel Erzherzog Johann, und er staunte nicht schlecht. Investoren und Unternehmer hatten sich bei ihm mit Millionbeträgen eingekauft und bereits, ohne einen Vertrag mit ihm abgeschlossen zu haben, überwiesen. Albert Wirsch war von einem Tag auf den anderen zum reichsten Mann der Welt geworden. Zu seiner großen Überraschung hatte er auch ein Mail bekommen, in welchem ihm mitgeteilt wurde, dass der Vater vom Regisseur und Drehbuchautor Harald Wurscht seinem Leberleiden erlegen war und er, Albert Wirsch, das Gesamtvermögen von Harald Wurscht überschrieben bekomme. Dieses Erbe hätte ausgereicht um zwanzig millionenschwere Filme zu drehen. Aber durch die Entwicklung des neuen Formates kam man nun mit einigen Hunderttausend Euro aus um einen Film abzudrehen.

Piri hatte sich mit ihrer Kokserei alle eigenen Instinkte weggeschnupft und verrannte sich ins Leere. Sie hatte Albert nie geliebt. Er war für sie nur ein Sprungbrett ins Nichts. Er war mittlerweile zum reichsten Mann der Welt geworden.

Albert Wirsch rief Hauptoberinspektor Klein an und teilte ihm mit, dass er heute nicht mit der Straßenbahn ausfahren möchte. „Herr Hauptoberinspektor Klein, bitte hätten sie die Güte und schicken sie einen ihrer Beamten als Entführer auf die Reise. Gründen sie eine Gesellschaft mit beschränkter Haftung. Ich bezahle das alles.“ Hauptoberinspektor Klein tat, wie ihm befohlen, und wandelte die Entführung der Straßenbahn um den Radetzkyspitz in eine Gesellschaft mit beschränkter Haftung um.

Albert Wirsch verließ das Hotel an diesem Tag nicht, sondern begann sich zu überlegen wie er dieses Geld am besten anlegen sollte. Als Erstes schnallte er sich den Gürtel mit der Nerutronenverschiebungsbombe ab und warf den braunen Ledergurt mitsamt der Holzschatulle in den Mistkübel. Dann kaufte er das ganze Palaishotel Erzherzog Johann mit allen seinen Angestellten. Danach zitierte er die Frau Bürgermeisterin Ida Marowitz zu sich. Da sich die Frau Bürgermeisterin in einer schweren Beziehungskrise mit ihrem Mann befand, weil dieser als kleiner Manager immer auf seine erfolgreiche Frau eifersüchtig war, beendete Albert Wirsch dieses Drama, indem er die Frau Bürgermeisterin gleich an Ort und Stelle heiratete. Somit waren die seelischen Wunden, welche ihm Piri zugefügt hatte, sehr schnell verheilt, und ein Happy End dieses Romanes abzusehen. Für drei Stunden unterbrechen wir nun unser Opus, damit die Frau Bürgermeisterin und der Albert Wirsch in

Ruhe ihrer ersten ehelichen Pflicht nachkommen können.

Drei Stunden später:

Albert Wirsch erwirbt den Grazer Hauptplatz mit allen umliegenden Häusern. Die Wohnungen dieser Häuser rund um den Hauptplatz wurden als Suiten an internationale Gäste vermietet. Der ganze Grazer Hauptplatz war nun ein Hotel. Die Brunnenstatue des Erzherzogs Johann, welche in der Mitte des Grazer Hauptplatzes stand, wurde am Weblinger Kreuz aufgestellt. Am Hauptplatz selbst wurde tief gegraben und unter dem bestehenden Niveau ein großes Hallenbad errichtet. Der Boden des Platzes wurde mit tansparenten Glasplatten abgedeckt, damit man im unterirdischen Hallenbad genug natürliches Licht hatte.

Die Entführung der Straßenbahnen rund um den Radetzkyspitz in Graz wurde als touristisches Unternehmen weitergeführt.

Albert Wirsch schenkte der Stadt Tausende Bäume und die Frau Bürgermeisterin ihm drei hübsche Töchter und vier stramme Söhne.

Es geht um Europa. Wie charakterisieren sie den typischen Europäer, die typische Europäerin?

Der typische Europäer fährt gerne Straßenbahn.